(C.)

EXTRAIT

DU

SERVICE EN CAMPAGNE

POUR LES TROUPES A CHEVAL

EN USAGE A L'ÉCOLE IMPÉRIALE DE CAVALERIE.

Saumur

IMPRIMERIE DE P. GODET, PLACE DU MARCHÉ-NOIR.

1855.

EXTRAIT

DU

SERVICE EN CAMPAGNE

Pour les troupes à cheval

EN USAGE A L'ÉCOLE IMPÉRIALE DE CAVALERIE

PREMIÈRE LEÇON.

DE L'ORGANISATION GÉNÉRALE DE L'ARMÉE (1).

ARTICLE 1er.

Quelle est la base de toute formation d'armée ?

Le principe divisionnaire est la base de toute formation d'armée : *la division est donc l'unité.*

Comment se compose une armée, un corps d'armée, une aile, un centre ou une réserve d'armée?

Une armée ou un corps d'armée, une aile, un centre ou une réserve d'armée se compose de la réunion de plusieurs divisions sous un seul chef.

(1) Ce fut en 1444, sous Charles VII, que fut créée en France la première armée permanente. Elle était composée de *bandes*, dont le chiffre variait de 500 à 2,000 hommes. Les légions furent organisées en 1534, sous François Ier ; les régiments, en 1558, sous Charles IX ; les bataillons et escadrons, en 1635, sous Louis XIII.

On ne sait à qui attribuer la première idée de la formation par *divisions*. — On sait seulement que les Français l'adoptèrent, lors des guerres de la Révolution ; ce qu'il y a de certain, c'est que le prince Ferdinand, duc de Brunswick, en avait fait usage dans les guerres de 1761 et 1762.

Le corps d'armée comprenant plusieurs divisions, tel qu'il existe aujourd'hui, fut créé par Napoléon.

[illegible] la cavalerie [illegible] de l'infanterie, [illegible] deux bouches à feu par mille hommes [illegible] ne sont qu'approximatives [illegible] où l'on fait la guerre. [illegible] Autriche et en France [illegible] en Prusse et en [illegible] quart; en Russie, le [illegible]

[illegible] Angleterre, où elle est [illegible] Différence qui s'explique par les difficultés de la [illegible] sur le théâtre des guerres de cette [illegible]

Hors les circonstances extraordinaires, il n'est formé de corps d'armée que pour les cas où plusieurs divisions [illegible] doivent, pendant une campagne au moins, agir séparément, bien que dans le cercle d'opérations d'une armée.

Le commandant d'un corps d'armée est sous les ordres du commandant en chef de l'armée dont ce corps ressortit.

La réunion de plusieurs divisions d'une même armée en aile, centre, réserve ou corps particulier, dépend du commandant en chef et ne subsiste que pendant le temps qu'il la juge nécessaire.

[illegible]

La division est ordinairement composée de deux ou trois brigades, soit d'infanterie, soit de cavalerie; elle comprend des troupes de diverses armes dans la proportion nécessaire.

On attache ordinairement à une division d'infanterie deux batteries montées, chacune de 6 bouches à feu, et, à une division de cavalerie, une seule batterie, mais à cheval, indépendamment des [illegible]

Une compagnie de sapeurs du génie est attachée à chaque division ; et à chaque corps d'armée, une compagnie de pontonniers et la gendarmerie nécessaire au service.

Comment sont formées les brigades?

Les brigades sont formées de deux régiments au moins ; les premiers numéros prennent la droite, les autres la gauche. Lorsque, dans une division, les régiments sont en nombre impair, l'un d'eux peut n'être pas embrigadé.

Les brigades sont-elles toujours formées d'une seule arme?

Lorsque les circonstances le font juger nécessaire, il est formé des brigades mixtes d'infanterie et de cavalerie légères : ces brigades sont plus spécialement chargées du service d'avant-garde.

Les compagnies d'élite dans les régiments d'infanterie, les escadrons de lanciers ou de tirailleurs dans les régiments de cavalerie, peuvent-ils être séparés de leurs régiments respectifs?

Les compagnies de grenadiers ou de voltigeurs, les escadrons de lanciers ou de tirailleurs ne peuvent, à moins d'ordres formels du commandant en chef, être distraits de leur régiment, que pour le temps où ce dernier ne serait pas en ligne, et seulement pour des opérations de courte durée.

Pour quel genre de service réserve-t-on les troupes des différentes armes?

On réserve des troupes de cavalerie légère, particulièrement les hussards, pour le service de flanqueurs, de partisans et généralement pour tout service hors ligne.

Des divisions ou brigades de cavalerie de ligne peuvent être mises à la disposition des commandants d'aile ou de division. La cavalerie de réserve fait partie de la réserve de l'armée.

Dans une armée, la cavalerie légère doit-elle être numériquement plus forte que la grosse cavalerie?

Elle doit être plus forte, parce que son service est plus pénible et par conséquent ses pertes plus nombreuses. En France, de même qu'en Russie, en Autriche, en Prusse et en Bavière, la grosse cavalerie ne forme à peu près que le quart de la cavalerie de ligne et de la cavalerie légère.

Attache-t-on quelquefois des troupes légères ou de l'infanterie à la cavalerie de réserve?

Quand, à raison de la nature de la guerre, la cavalerie de réserve a besoin d'être couverte dans ses marches, bivouacs, camps ou cantonnements, on lui attache des troupes légères, ou de l'infanterie, en nombre suffisant pour ce service.

Développements.

Y aurait-il avantage à ce que les divisions et les brigades fussent permanentes?

Cette organisation est permanente en Prusse et en Russie, et, à côté de quelques inconvénients, elle présente l'avantage de pouvoir mobiliser promptement l'armée, parce que les troupes sont constamment sous les ordres des généraux qui doivent les conduire en campagne, et qu'elles sont munies de tout ce qui est nécessaire à la guerre; la sécurité extérieure de ces deux pays est plus assurée; ils peuvent repousser plus promptement une invasion, et sont plus à même d'en opérer que leurs voisins. (*De Presle,* page 308.)

L'organisation de l'armée en divisions et brigades permanentes est-elle toujours possible en temps de paix?

Elle n'est pas toujours compatible avec la nécessité d'avoir des troupes disséminées sur toute la surface d'un grand Etat, dans l'intérêt de l'ordre et de la tranquillité publique.

Vous venez de me parler de l'organisation des armées prussiennes et russes, donnez-moi sur elles quelques détails?

La Prusse comprend 8 provinces et 40 arrondissements. Chaque arrondissement fournit un régiment de cavalerie et un d'infanterie. Ces dix régiments forment un corps d'armée. En tout, huit corps d'armée parfaitement organisés, sans compter les deux bans de la Landwerth et la Landsturm: ce qui permet à la Prusse, avec une population de 13,000,000 d'âmes et un revenu de 200,000,000 de francs, de mettre sur pied, en peu de temps et à peu de frais, une armée de 500,000 hommes.

Quelle est l'organisation de l'armée russe?

L'armée active se compose de six corps d'armée, forts de trois divisions d'infanterie et une de cavalerie, avec la proportion d'artillerie nécessaire. Ces corps, avec 140 régiments de Cosaques, forts de 1,000 hommes chacun, présentent un effectif de 600,000 hommes; plus la garde impériale, forte de 100,000 hommes, les réserves de l'intérieur et les 7es bataillons, tous commandés par les mêmes généraux, en paix comme en guerre.

Cette dernière considération, celle d'être commandé, en paix comme en guerre, par les mêmes généraux, est-elle avantageuse?

Extrêmement avantageuse, et à l'appui de cette assertion, on peut citer ce que fit, en 1805, 1806 et 1807, l'admirable armée sortie du camp de Boulogne et transportée des côtes de l'Océan au cœur de l'Allemagne, où elle remporta, en quelques jours, les immortelles batailles d'Ulm et d'Austerlitz. L'Empereur répétait souvent, en parlant de cette armée, qu'il n'avait jamais eu entre les mains des troupes plus solides, plus manœuvrières et plus dévouées.

Est-il prudent de composer toujours les divisions et brigades d'une armée d'un même nombre de bataillons ou escadrons?

On doit l'éviter, car l'ennemi connaîtrait, par une seule, la force de toutes les autres; inconvénient des armées russes et prussiennes. Il est d'ailleurs utile d'avoir des divisions de force inégale, parce que le général en chef en donnera le commandement à des officiers de confiance, qu'il détachera pour des opérations importantes qui exigeraient le concours de deux faibles divisions. (*De Presle*, page 309.)

La cavalerie a-t-elle toujours été employée comme elle l'est de nos jours?

Dans les premières campagnes de la Révolution, la cavalerie était disséminée dans les divisions d'infanterie, tantôt par brigade, quelquefois même par régiment. Ce mélange avait des avantages; la division pouvait, comme la légion romaine, se garder facilement, pousser des éclaireurs au loin, occuper rapidement une position, combattre sur tous les terrains, donner un résultat à ses succès et faire une retraite avec moins de perte, puisqu'un seul général faisait concourir toutes les armes au même but; mais la cavalerie, ainsi dispersée, n'était en force nulle part, et ne pouvait obtenir que de médiocres succès; il fallait, dans une poursuite, la tirer rapidement des divisions pour la réunir à l'avant-garde, quand l'ennemi en opposait une supérieure; il en résultait des retards; les inconvénients étaient plus graves encore dans une retraite : la cavalerie, obligée de suivre le pas de l'infanterie se conservait moins. On commença en 1796, aux armées du Rhin et d'Italie, à réunir plusieurs régiments qui formaient un corps particulier, appelé division de réserve ; mais, en 1800, Bonaparte, en organisant l'armée d'Italie, n'attacha pas de cavalerie à l'infanterie ; il l'organisa en plusieurs divisions qu'il réunit sous un seul chef ; il continua de suivre ce système dans toutes ses guerres, et ces divisions réunies s'appelaient réserve de cavalerie. (*Page* 311.)

Comment s'appelaient les corps qui étaient composés de la réunion de toutes les armes?

Ces corps s'appelaient légions. Le système légionnaire, du reste, n'a jamais existé en France, qu'à l'état d'essai. Les premières légions, au nombre de sept et fortes de 6,000 hommes (six bandes de 1,000), furent formées par François Ier, en 1534, et furent licenciées en 1536.

Henri II les reforma, et ces légions n'eurent pas plus de succès que les premières.

Louis XV eut aussi des légions : six furent créées en 1756 et supprimées en 1776 ; elles étaient alors au nombre de sept, composées de fantassins, de chasseurs, de dragons et de chevaux-légers.

Les légions franches de la République, au nombre de quinze, furent aussi composées d'infanterie légère, de chasseurs et de cavalerie légère. Cette organisation fut de courte durée.

Enfin, en 1815, on créa les légions départementales, qui ont servi de noyau pour former les régiments tels qu'ils existent aujourd'hui.

Y a-t-il inconvénient à réunir les compagnies d'élite?

On a souvent réuni les compagnies d'élite de l'infanterie d'une armée pour faire un corps séparé. Les Autrichiens ont même ce système en temps de paix ; les Prussiens, chez lesquels il était autrefois en faveur, l'ont abandonné, tant les inconvénients leur ont paru graves. En effet, il tend à faire perdre le moral aux régiments que l'on prive des soldats dont l'exemple animait les autres ; si l'on expose davantage les compagnies d'élite, elles épuisent les corps de leurs meilleurs sujets.

Ne pensez-vous pas que, sous ce rapport, la constitution de l'armée française offre une lacune regrettable?

Certainement, et il faut absolument des corps d'élite, pour former de fortes réserves, car, comme l'a dit Napoléon : « *C'est avec les réserves qu'on gagne les batailles.* »

DEUXIÈME LEÇON.

ARTICLE 2e.

COMMANDEMENTS.

Par qui est commandée une armée ou un corps d'armée?

Toute armée est commandée par un maréchal de France ou par un général de division; il en est de même de tout corps d'armée.

Par qui sont commandés, l'aile droite, l'aile gauche, le centre ou la réserve d'une armée?

L'aile droite, l'aile gauche, le centre ou la réserve d'une armée, lorsque le général en chef ne s'en est pas réservé la direction immédiate, sont chacun aux ordres particuliers d'un général de division.

Par qui est commandée une division?

Toute division est également commandée par un général de division.

Par qui sont conférés les commandements en chef d'une armée ou d'un corps armée?

Les maréchaux de France et les généraux de division, pourvus du commandement en chef d'une armée ou d'un corps d'armée, reçoivent, du chef de l'Etat, une commission temporaire de commandant en chef ou de commandant de corps d'armée.

Par qui sont conférés les commandemens d'aile, de centre ou de réserve, et quelles sont les attributions des officiers généraux pourvus de ces commandements?

Les commandants d'aile, de centre ou de réserve sont au choix du commandant en chef. Ils reçoivent le titre de commandant de l'aile droite, de l'aile gauche, du centre ou de la réserve de l'armée. Ils n'ont aucun droit d'intervenir dans l'organisation ni dans l'administration des divisions réunies sous leurs ordres; leurs attributions se bornent à la direction de ces divisions, dans les mouvements et sur les champs de bataille.

Quelle est la durée des droits, titres et honneurs attachés à ces différentes positions?

Les droits, titres et honneurs attachés aux commissions temporaires de commandant en chef et de commandant de corps d'armée, d'aile, de centre ou de réserve d'une armée, cessent avec les fonctions qui y ont donné lieu.

Développements.

Y a-t-il inconvénient à ce que le commandant d'un corps d'armée n'ait que le grade de général de division?

Chez les puissances étrangères, il y a un grade intermédiaire entre le maréchal et le général de division, cette disposition est avantageuse à l'exercice du commandement; à grade égal, la supériorité des talents et le plus souvent la présomption de l'inférieur peuvent donner lieu à de graves désordres. A l'appui de cette vérité, on peut citer ce qui s'est passé en Egypte, après la mort du général Kléber. Les dissensions qui s'élevèrent alors entre le général Menou et les généraux placés sous ses ordres, furent une des causes principales de notre insuccès, et amenèrent les désastres et la perte de l'Egypte.

Y aurait-il inconvénient à ce qu'un général en chef fût en même temps commandant d'aile, du centre ou de réserve?

Un général en chef, chargé en outre d'un commandement particulier, pourrait appliquer involontairement à des détails une partie des facultés qu'il doit conserver tout entières au commandement général; il pourrait favoriser le corps d'armée dont il aurait le commandement, soit en le ménageant aux dépens des autres corps, soit en l'exposant trop, dans l'intérêt de sa gloire.

ARTICLE 3e.

DROITS AU COMMANDEMENT.

Par qui est provisoirement remplacé tout titulaire de commande-

En cas de mort, de rappel, d'absence temporaire ou de démission, tout titulaire d'un comment, en cas de mort, de rappel, de démission ou d'absence temporaire?

mandement est provisoirement remplacé par l'officier le plus ancien dans le plus élevé des grades que comprend ce commandement.

La règle de remettre le commandement au plus ancien, en cas de vacance imprévue, est-elle sans exception?

Les officiers étrangers, qui ne sont pas naturalisés Français, ne peuvent exercer, ni titulairement, ni provisoirement, le commandement en chef d'une armée où d'un corps d'armée, non plus que celui d'une place forte. Quant aux autres commandements, ils les exercent par intérim, à raison de la supériorité de grade seulement, et jamais d'après l'ancienneté de grade.

Lorsque des troupes de cavalerie sont attachées à un corps ou détachement d'infanterie, ou lorsque des troupes d'infanterie sont attachées à un corps ou détachement de cavalerie, à qui appartient le commandement?

Lorsque, en conséquence de l'organisation de l'armée ou de dispositions éventuelles, soit du commandant en chef, soit d'un commandant de corps d'armée, d'aile ou de division, des troupes de cavalerie sont attachées à un corps ou détachement d'infanterie, le commandant de la cavalerie est, même à grade égal et quelle que soit son ancienneté, sous les ordres du commandant de l'infanterie; il ne prend le commandement qu'autant qu'il lui est supérieur en grade. Le commandant d'une troupe d'infanterie attachée à un corps ou détachement de cavalerie, est soumis, sauf la même exception, aux ordres du commandant de la cavalerie.

Développements.

Quels sont les avantages de la mesure adoptée, de donner le commandement à l'officier le plus ancien dans le plus élevé des grades, lorsque le commandement vient à vaquer?

Un emploi qui donne l'autorité supérieure ne peut rester vacant.

L'*Ordonnance*, en le donnant provisoirement au plus ancien, dans le plus élevé des grades que comprend le commandement, empêche l'ambition ou les mauvaises passions de venir porter atteinte au bon ordre, si étroitement lié à la hiérarchie des grades.

N'y aurait-il pas un autre mode de remplacement?

Le mode électif, que l'on pourrait peut-être mettre en parallèle avec le premier, présente de graves inconvénients : les coteries, les *camaril-*

las, au milieu du désordre et de la confusion, pourraient faire de mauvais choix ; dans un cas pressant peut-être, l'armée étant en péril, l'instinct de sa conservation pourrait assurer au commandement une capacité supérieure ; mais, dans les circonstances ordinaires, le mode électif serait dangereux. Puis, pour élire, il faut se réunir et délibérer, et l'on ne délibère pas sous les armes et surtout sous le canon.

Pourquoi l'*Ordonnance* n'accorde-t-elle pas le commandement en chef d'une armée ou d'un corps d'armée à un officier étranger ; l'histoire ne cite-t-elle pas des faits glorieux qui se rattachent à un commandement de cette nature ?

S'il est naturel d'admettre que l'amour de la patrie soit le premier sentiment qui doive animer un général, aucune considération politique ne peut le remplacer ; le soldat lui-même n'aura jamais une confiance entière dans un officier étranger ; il sera prompt à soupçonner la trahison dans celui qu'il ne croira pas personnellement intéressé à la défense du territoire ; cependant Maurice, comte de Saxe, né à Dresde, commandait les Français en 1745, et remportait l'immortelle victoire de *Fontenoy ;* et le prince Eugène, généralissime des armées impériales, se couvrait de gloire à Malplaquet (*Nord*), 11 septembre 1709.

TROISIÈME LEÇON.

RANG DES TROUPES ENTRE ELLES.

ORDRE DE BATAILLE.

ARTICLE 4e.

Comment est réglé le rang des différentes armes ?

Le rang des différentes armes est réglé ainsi qu'il suit :

L'infanterie légère (1), l'infanterie de ligne, les hussards, les chasseurs, les lanciers, les dragons, l'artillerie à cheval, les cuirassiers, les carabiniers; les troupes de l'artillerie (2) et celles du génie sont au centre des brigades, divisions ou corps d'armée dont elles font partie; les troupes étrangères prennent la gauche des troupes nationales de leur arme.

A quoi est subordonnée cette fixation de rang?

Cette fixation de rang est subordonnée aux changements que peuvent nécessiter les circonstances de guerre.

Comment les divisions et les brigades prennent-elles un numéro d'ordre de bataille?

Les divisions prennent un numéro d'ordre de bataille, de la droite à la gauche de l'armée; les brigades en prennent un, de la même manière, dans les divisions.

Comment sont désignées les divisions et les brigades dans les rapports d'opérations militaires?

Dans les rapports d'opérations militaires, les divisions et les brigades sont toujours désignées par le nom du général qui les a personnellement commandées.

(1) La différence entre nos deux espèces d'infanterie n'existe pas en réalité; en effet, elles sont composées des mêmes hommes, habillés et armés de la même manière. Nous n'avons réellement d'infanterie légère que nos bataillons de chasseurs à pied.

(2) Des incertitudes ont quelquefois existé pour le rang de bataille de l'artillerie.

Une circulaire du 15 janvier 1815 accordait à l'artillerie la droite de toutes les armes, soit à pied, soit à cheval. *Une circulaire du 11 septembre* 1816 disait que lorsqu'elle marchait avec les pièces elle se plaçait au centre de la ligne, entre l'infanterie et la cavalerie.

Sans pièces, elle prenait la droite, et le train d'artillerie la gauche de toute la ligne.

Une 3e circulaire du 26 février 1830 prescrivait à l'artillerie de ne paraître dans les réunions de troupes qu'avec son matériel. Alors la place de l'artillerie était au centre.

Enfin, l'Ordonnance du 3 mai 1832, abrogeant toutes les dispositions précitées, fixe le rang de l'artillerie.

Le rang des régiments dans les brigades, et des brigades dans les divisions, est-il invariable?

Le rang des régiments dans les brigades, et des brigades dans les divisions n'est pas invariable; les généraux divisionnaires sont autorisés à le changer pour des motifs graves, tels, par exemple, que l'affaiblissement d'un corps qui aurait combattu malheureusement, ou qui aurait, pendant des marches longues et rapides, tenu la queue de la colonne; ils rendent compte de ces changements au commandant en chef. Ils peuvent encore placer dans les différents postes, et faire marcher en détachements, les régiments et les brigades indistinctement; toute prétention de supériorité de rang et d'ancienneté devant être subordonnée aux dispositions arrêtées par eux.

Que devient, à son retour, un corps, soit brigade, soit régiment, qui a été détaché de la division?

Un corps, soit brigade, soit régiment, qui a été détaché de la division, reprend son rang au retour, sauf les cas ci-dessus prévus.

Développements.

Etait-il indispensable d'arrêter, d'une manière positive, l'ordre des troupes entre elles?

Il fallait nécessairement arrêter d'une manière quelconque l'ordre des troupes entre elles, autant pour éviter la confusion dans les rassemblements, que pour prévenir les conflits et les collisions entre les troupes des différentes armes.

Est-ce l'ordre que les troupes observent dans les batailles ou celui qu'elles gardent dans les marches qui fixe le rang qu'elles doivent occuper?

Chacun sait que l'ordre des troupes entre elles, devant l'ennemi, est subordonné aux localités et aux circonstances de la guerre; mais dans les marches, l'infanterie précède presque toujours la cavalerie, afin d'éviter à celle-ci de trop grandes fatigues, et, dans les deux armes, les troupes légères sont en tête des colonnes.

L'ordre de rassemblement et celui de marche doivent avoir de l'analogie, puisqu'en réalité, l'un est la conséquence de l'autre.

DEVOIRS DES OFFICIERS GÉNÉRAUX A L'ÉGARD DES TROUPES.

ARTICLE 6e.

Quels sont les devoirs des officiers généraux à l'égard des troupes ?

Les officiers généraux commandant les divisions et les brigades assurent, dans les troupes sous leurs ordres, l'exécution des règlements de police et de discipline, d'administration et d'instruction. Ils veillent, avec la plus active sollicitude, à tout ce qui intéresse le bien-être du soldat.

DE L'ÉTAT-MAJOR GÉNÉRAL.

ARTICLE 7e.

CHEFS D'ÉTAT-MAJOR.

Quel est le chef d'état-major général d'une armée commandée par un maréchal de France?

Une armée commandée par un maréchal de France a pour chef d'état-major général un général de division, et pour sous-chef d'état-major un général de brigade ou un colonel d'état-major.

Quel titre prend le chef d'état-major général, lorsque plusieurs armées sont réunies sous un seul commandement?

Lorsque plusieurs armées sont réunies sous un seul commandement, le chef d'état-major général prend temporairement le titre de *major-général*, les officiers généraux employés immédiatement sous le major-général reçoivent le titre d'aide-major-général.

Quel est le chef d'état-major général d'une armée commandée par un général de division?

Une armée, commandée par un général de division a pour chef d'état-major général un général de division ou un général de brigade, et pour sous-chef d'état-major, un général de brigade ou un colonel d'état-major.

Quel est le chef d'état-major d'un corps d'armée ?

Un corps d'armée a pour chef d'état-major un général de division ou un général de brigade.

Quel est le chef d'état-major des ailes, du centre ou de la réserve d'une armée ?

Les ailes, le centre et la réserve d'une armée ont pour chef d'état-major, chacun un général de brigade ou un colonel.

Quel est le chef d'état-major d'une division?

Une division a pour chef d'état-major un colonel ou un lieutenant-colonel d'état-major.

Développements.

Quel est le chef d'état-major qui a eu le plus de célébrité de nos temps modernes?

Ce fut Berthier; pendant les campagnes de Marengo, d'Austerlitz, d'Iéna, il remplit les importantes fonctions de chef d'état-major. Napoléon fut si satisfait de ses services, qu'il le combla de faveurs, le nomma maréchal d'empire en 1804, lui donna la principauté de Neufchâtel, le nomma vice-connétable en 1807, et prince de Wagram en 1809.

Malgré son incontestable supériorité, Berthier ne commit-il pas une faute grave, comme chef d'état-major, à la campagne de 1800?

Il avait été envoyé pour faire la reconnaissance de la route du Grand-Saint-Bernard; il omit de signaler le fort de Bard; cette négligence faillit perdre l'armée: une retraite dans un semblable défilé eût été suivie des plus graves malheurs: mais Napoléon insista, le passage fut forcé. S'il eût été informé, par son chef d'état-major, de la présence du fort, il eût amené avec lui l'artillerie convenable pour en faire le siége, ou bien il se serait dirigé par le Petit-Saint-Bernard, qui débouchait également en Italie, dans la vallée d'Aoste.

OFFICIERS D'ÉTAT-MAJOR.

ARTICLE 9e.

Quels sont les officiers que l'on attache aux états-majors d'armée et de division, et par qui en est faite la répartition?

Des officiers d'état-major de différents grades sont attachés aux états-majors d'armée et de division.

Lorsque la répartition de ces officiers n'a pas été réglée par le ministre de la guerre, elle est faite par le chef d'état-major général.

Dans chaque division, quelles sont les fonctions des officiers d'état-major?

Dans chaque division, un officier de l'état-major est spécialement chargé de diriger les détails du bureau; les autres le secondent au besoin, mais sont le plus habituellement employés à la partie active, principalement aux objets généraux du service, tels que les reconnaissances, les missions, l'établissement des camps et la construction des ouvrages destinés à les couvrir, les ambulances, les magasins, les subsistances, les distributions, les parcs, etc., etc.

Quel est l'officier qui commande le grand quartier-général, et quelles sont ses fonctions?

Un officier supérieur d'état-major est désigné pour commander le grand quartier-général; il est spécialement chargé de tout le logement dans les lieux où le quartier-général est établi; il reconnaît les emplacements à occuper par les postes et les gardes; il se concerte avec le commandant de la gendarmerie, pour maintenir au quartier-général la police et le bon ordre.

Par qui sont commandés les quartiers-généraux des ailes et des divisions?

Les quartiers-généraux des aides et des divisions sont commandés par des officiers d'état-major, désignés pour cet objet.

Développements.

Depuis quand le corps d'état-major existe-t-il réellement en France?

Ce corps, que l'on peut considérer comme les yeux et les jambes des généraux, n'existe réellement en France que depuis 1818. En cela, les puissances du Nord nous avaient devancés.

Dès leur début les officiers d'état-major rendirent de grands services. (*Roquancourt*, 4e v. p. 6.)

Combien y a-t-il de positions distinctes pour les officiers d'état-major?

Il y en a deux, celle d'*adjoint* et celle d'*aide-de-camp*. Les adjoints sont placés sous les ordres du chef d'état-major; les aides-de-camp sont attachés à la personne du général et ne reçoivent d'ordres que de lui. (*R.* 4e v. p. 18.)

Des officiers des corps ne sont-ils pas détachés quelquefois pour faire le service auprès des officiers-généraux?

Des officiers, sous le titre d'*officiers d'ordonnance*, sont tirés des troupes de toutes armes, pour être attachés aux généraux; ils sont de véritables aides-de-camp du moment et secondent les officiers d'état-major dans les détails du service.

DROITS DES OFFICIERS D'ÉTAT-MAJOR AU COMMANDEMENT.

ARTICLE 10e.

Les officiers d'état-major peuvent-ils être employés dans les postes et dans les détachements, et quels sont leurs droits au commandement?

Les officiers d'état-major de tous les grades peuvent être employés dans les postes et dans les détachements ; ils en ont le commandement, à égalité de grade avec les officiers qui s'y trouvent.

A quoi est tenu le chef de la troupe, lorsqu'un officier d'état-major est chargé de diriger une expédition ou une reconnaissance sans en avoir le commandement?

Lorsqu'un officier d'état-major est chargé de diriger une expédition ou une reconnaissance, sans en avoir le commandement, le chef de la troupe est tenu de déférer à ses avis et de faire toutes les dispositions convenables pour le seconder ou le protéger dans ses opérations.

Quelle est l'autorité d'un officier d'état-major chargé de la direction et même du commandement d'une troupe, dans un poste ou dans une opération?

Un officier d'état-major chargé de la direction et même du commandement d'une troupe, dans un poste ou dans une opération, ne peut étendre son autorité au personnel, à l'administration, ni à la discipline intérieure de cette troupe.

Les officiers supérieurs d'état-major peuvent-ils être appelés à remplir *par interim*, dans les régiments, les fonctions de leur grade?

Les officiers supérieurs de l'état-major peuvent, sur la proposition du général de division, être appelés par le commandant en chef à remplir, par interim, dans les régiments, les fonctions de leur grade.

QUATRIÈME LEÇON.

DE L'ÉTAT-MAJOR DE L'ARTILLERIE ET DE CELUI DU GÉNIE.

ARTICLE 11e.

Comment est composé l'état-major de l'artillerie pour une armée?

L'état-major de l'artillerie, pour une armée, se compose :

D'un officier-général, qui prend le titre de commandant de l'artillerie de l'armée;

D'un officier-général ou supérieur, chef d'état-major;

D'un officier-général ou supérieur, directeur des parcs;

D'un certain nombre d'officiers supérieurs et d'officiers inférieurs, déterminé d'après les besoins du service;

Enfin, du nombre d'employés nécessaire.

Il est habituellement attaché à chaque division d'infanterie ou de cavalerie, pour en commander l'artillerie, un officier supérieur; un capitaine lui est adjoint.

De quoi est chargé le corps de l'artillerie aux armées?

Le corps de l'artillerie, aux armées, est chargé:

1° De l'établissement et de la construction de toutes les batteries, et du service général de toutes les bouches à feu;

2° De l'approvisionnement de l'armée en armes et munitions de guerre;

3° De l'établissement et de la construction des ponts mobiles ou des passages en bateaux.

Comment se compose l'état-major du génie pour une armée?

L'état-major du génie, pour une armée, se compose:

D'un officier-général, qui prend le titre de commandant du génie de l'armée;

D'un officier-général ou supérieur, chef d'état-major;

D'un officier supérieur, directeur du parc;

Enfin, d'officiers supérieurs, d'officiers inférieurs et de gardes du génie, en nombre plus ou moins considérable, selon les besoins du service.

Il est habituellement attaché à chaque division d'infanterie un officier commandant du génie, du grade au moins de capitaine de première classe.

De quoi est chargé le corps du génie aux armées?

Le corps du génie, aux armées, est chargé :

Des travaux de fortification permanente;

Des travaux pour la défense ou l'attaque des places et des reconnaissances qui se rattachent à ces travaux.

Il peut être chargé aussi :

Des travaux de fortification passagère que les généraux d'armée ou les généraux de division jugent à propos d'établir : tels que épaulements, tranchées, redoutes, fortins, blokhaus, têtes de pont, lignes et camps retranchés, digues d'inondation, etc.;

Des travaux de marche et d'opération, tels que l'ouverture de passages, la construction, le rétablissement ou la destruction d'une route, d'un pont à supports fixes, etc.

De quel état-major font partie les officiers-généraux et les officiers de tout grade de l'artillerie et du génie qui ne sont pas attachés à une troupe?

Les officiers généraux et les officiers de tout grade de l'artillerie et du génie, qui ne sont pas attachés à une troupe, font partie de l'état-major de l'armée, du corps d'armée ou de la division où ils sont employés.

Quelles sont les attributions du service du génie et de l'artillerie, lorsqu'il y a lieu d'établir des garnisons stables dans des places ou postes militaires conquis ou créés par l'armée?

Lorsqu'il y a lieu d'établir des garnisons stables, dans des places ou des postes militaires conquis ou créés par l'armée, le service du génie et celui de l'armée prennent dans ces places ou postes, les mêmes attributions que dans les places nationales.

Est-il permis aux officiers de l'artillerie et du génie de communiquer les états d'approvisionnement, le plan des places et celui des travaux?

Il est défendu aux officiers de l'artillerie et du génie de communiquer à tout autre qu'au général de l'armée, qu'à l'officier-général auprès duquel ils sont employés, ou à son chef d'état-major, les états d'approvisionnement, le plan des places et celui des travaux exécutés ou à exécuter.

DE L'INTENDANCE.

ADMINISTRATION DE L'ARMÉE.

ARTICLE 12ᵉ.

Comment s'exerce l'administration de l'armée?

L'administration de toute armée, de tout corps d'armée, de toute aile, de tout centre, de toute réserve d'armée, a lieu par division, conformément aux principes de la formation des armées.

A qui est confiée l'administration générale de plusieurs armées réunies sous un même commandement?

Lorsque plusieurs armées sont réunies sous un même commandement, il est nommé un intendant militaire de ces armées, avec le titre temporaire d'intendant-général.

A qui est confiée l'administration de chaque armée ou de chaque corps d'armée?

Il est attaché à chaque armée un intendant, avec le titre temporaire d'intendant de cette armée ; il en est attaché de même à chaque corps d'armée, avec le titre d'intendant de tel corps d'armée.

Quels sont les administrateurs attachés à chaque division?

On attache à chaque division un sous-intendant militaire qui, lorsque la force de la division l'exige, a près de lui, pour le seconder, un sous-intendant militaire adjoint.

Quels sont les administrateurs, sous les ordres des intendants, qui sont affectés à chaque aile, centre ou réserve d'armée?

Il est affecté à chaque aile, centre ou réserve d'armée, pour le service de son quartier-général, un sous-intendant ou un sous-intendant-adjoint.

Les services administratifs ne sont-ils pas complétés par des employés et des troupes d'administration?

Des employés et des troupes d'administration, dont le nombre et la composition se règlent sur la force de l'armée ou du corps d'armée, et eu égard au pays où l'on doit agir, sont mis à la disposition des membres de l'intendance, pour assurer, sous leurs ordres immédiats, l'exécution des divers services administratifs.

Développements.

L'administration de l'armée a-t-elle toujours été confiée au corps actuel de l'intendance?

L'administration de l'armée était autrefoi[s] confiée à des commissaires des guerres; leur[s] offices ont été longtemps vénaux et héréditaires.

A quelle époque fut supprimé le corps des commissaires des guerres, et par qui a-t-il été remplacé?

Le corps des commissaires des guerres fut supprimé en 1791; il fut créé 23 commissaires-ordonnateurs, grands juges militaires; chacun d'eux devait présider une cour martiale et diriger en chef, dans toute l'étendue de son territoire, toutes les parties de l'administration militaire, sous les ordres du ministre de la guerre.

Par qui étaient-ils secondés dans leurs fonctions?

Il fut créé, à la même époque, 23 commissaires-auditeurs des guerres, qui furent répartis dans les 23 cours martiales; la poursuite des crimes et délits militaires devait leur appartenir, dans l'étendue du territoire soumis à leur surveillance.

Par qui étaient-ils secondés dans leurs fonctions administratives?

Les détails de l'administration militaire furent confiés, sous les ordres des ordonnateurs, à 134 commissaires ordinaires des guerres; ils furent aussi répartis dans les 23 cours martiales, pour concourir, sous la direction des auditeurs, à l'exécution des lois.

A quelle époque les ordonnateurs, les auditeurs, les commissaires ordinaires furent-ils supprimés?

Ils furent supprimés en 1792; les fonctions judiciaires cessèrent alors d'être réunies aux fonctions administratives.

Comment l'administration fut-elle reconstituée après cette suppression?

(Arrêté du 9 pluviôse an XIII.)

Les fonctions attribuées aux commissaires des guerres furent partagées en deux corps distincts et indépendants l'un de l'autre: le premier, connu sous le nom d'*inspecteurs aux revues*, fut chargé des organisations, incorporations, embrigadements, levées, licenciements, etc.;

Le deuxième, sous le titre de *commissaires des guerres*, conserva les autres détails de l'administration militaire, excepté la solde qui regarda les inspecteurs.

A quelle époque et sur quelles bases a été créé le corps de l'intendance?

Le corps de l'intendance actuel a été créé en 1817, d'après les bases de l'arrêté du 9 pluviôse an XIII. Si le corps des commissaires des guerres a rendu de nombreux et importants services, par son zèle, son dévouement et sa capacité, le corps actuel de l'intendance n'a rien à lui envier sous ce rapport. En effet, les officiers qui le composent, pris, à partir du grade de capitaine, dans les différents corps de l'armée, ayant, par conséquent, vécu avec les soldats et les ayant commandés pendant de longues années, doivent connaître parfaitement tous leurs besoins. De plus, par leur origine toute militaire, ils imposent à leurs subordonnés une considération que leurs prédécesseurs, sortis de la classe civile, pour la plupart, avaient souvent de la peine à obtenir.

CINQUIÈME LEÇON.

CONTRIBUTIONS LOCALES.

ARTICLE 15e.

Dans quelles circonstances peut-on prélever des contributions, et à qui est attribuée cette faculté?

Lorsque les besoins de l'armée l'exigent impérieusement, les généraux commandant en chef ont autorité pour frapper de contributions en argent ou en nature un pays ennemi occupé par leurs troupes.

Cette faculté est-elle encore attribuée à d'autres officiers-généraux?

La même faculté est accordée aux commandants de corps d'armée.

Aucun autre officier-général ne peut imposer de contributions en argent ou en nature, sans une autorisation écrite du commandant en chef.

Le territoire français peut-il être frappé de contributions?

Dans aucun cas, le territoire français ne peut être frappé d'une contribution en argent. Il en est de même de tout pays allié ou neutre.

De quel rapport, la répartition, la rentrée et l'emploi des contributions sont-ils l'objet?

La répartition, la rentrée et l'emploi des contributions sont nécessairement l'objet d'un rapport de l'intendant militaire au général qui a ordonné la levée des contributions, et à l'intendant de l'armée ou du corps d'armée.

Développements.

En quoi consistent en général les contributions?

Les contributions consistent, en général, en argent, en denrées, en bestiaux, en effets d'équipement pour les hommes et les chevaux.

Qui est chargé d'indiquer les moyens de se les procurer?

Qui est chargé de les faire rentrer?

L'état-major est chargé d'indiquer les moyens de se procurer ces objets; les officiers de troupe sont chargés de se les faire rentrer; des officiers d'état-major, et quelquefois des sous-intendants, accompagnent la troupe dans ses opérations; l'officier de troupe est forcé de se conformer aux instructions qu'il en reçoit, excepté pour ce qui concerne les mesures de sûreté et de prudence, dont il est et demeure responsable.

Quelles sont les circonstances bien distinctes dans lesquelles on peut être appelé à lever des contributions?

On peut être obligé de lever une contribution dans une ou plusieurs communes, où la présence de l'ennemi n'est pas à craindre; on peut en lever une dans le voisinage de l'ennemi. La fermeté, quelquefois la rigueur, et toujours l'adresse, doivent être employées, afin de n'être pas dupe des habitants, qui veulent toujours temporiser, parce qu'à la guerre, gagner du temps, c'est souvent tout gagner.

Comment lève-t-on des contributions en argent, quand on est loin de l'ennemi?

L'opération est simple et facile : on entre dans la commune et on l'occupe militairement, faisant garder toutes les issues; on convoque les autorités, on leur fait part de l'objet de sa mission, on leur donne le temps moral pour s'exécuter ou, si on a des instructions expresses, on les leur fait connaître.

On cantonne la troupe chez les habitants; si on a quelque inquiétude, on la dispose dans des maisons rapprochées et dont les abords offrent des points de rassemblement commodes ; on se garde avec soin. Si on ne s'exécute pas de bonne grâce, on place des garnisaires qui doivent être logés, nourris et soldés aux frais des habitants récalcitrants ; on menace quelquefois du feu et du pillage, mesure cruelle que la guerre autorise, mais que l'honneur réprouve, lorsqu'on l'emploie sans nécessité.

Lorsqu'on ne peut entrer dans tous ces détails, on prend simplement des ôtages parmi les habitants les plus riches du pays ; enfin, s'il y a un banquier, on prend chez lui la somme nécessaire, dont on lui remet un reçu, pour que, plus tard, il se fasse rembourser par ses concitoyens.

Comment lève-t-on des contributions en denrées, lorsqu'on est loin de l'ennemi ?

Cette opération est beaucoup plus facile que lorsqu'il s'agit d'argent. En cas de retard, des visites domiciliaires découvrent les denrées sur-le-champ ; la commune étant fixée à telle quantité, on la prend où on la trouve ; les propriétaires se font indemniser. La contribution levée, on en donne un reçu, puis on la charge sur des voitures et l'on se retire.

Comment lève-t-on une contribution en argent ou denrées, lorsqu'on est près de l'ennemi ?

On s'avance dans la commune avec les précautions ordinaires, on y entre à la pointe du jour ou à la nuit tombante ; on l'occupe militairement, en plaçant de petits postes à toutes les issues, on ne laisse sortir personne ; on somme les autorités, sous peine d'exécution militaire, de payer la contribution ; on a préparé à l'avance des voitures pour les denrées, et des mulets ou des bêtes de somme pour l'argent ; on prend des ôtages.

Il est nécessaire de faire parade de ses forces ; c'est le moyen de déterminer les autorités à payer ; mais il faut pour cela avoir derrière soi une retraite facile, et qu'en avant il ne se trouve pas de mouvements de terrains, qui puissent favoriser l'approche de l'ennemi.

FOURRAGES.

Qu'entend-on par le mot fourrages?

Il a été d'usage en tout temps, comme chacun sait, d'alimenter la guerre par la guerre : c'est-à-dire de subvenir autant que possible aux besoins des armées, par les ressources du pays dans lequel elles opèrent. Il est donc indispensable, pour que les chevaux puissent vivre, de s'emparer de ces ressources en fourrages, en grains. Cette opération prend, suivant son objet, les noms de *fourrages au vert* ou *au sec*.

Qu'appelle-t-on fourrages au vert?

On appelle fourrages au vert l'opération qui consiste à prendre directement sur le sol, à récolter soi-même les denrées nécessaires à l'armée, habituellement de la paille, du foin, de l'avoine, de l'orge, du blé, etc.

Jusqu'aux guerres de la Révolution, les fourrages avaient une grande importance, et l'histoire nous montre fréquemment des armées entières mises en mouvement pour les effectuer et les protéger.

Aujourd'hui, les progrès de la stratégie, la constitution de la guerre par deux armées et l'établissement de places de dépôts sur les diverses bases d'opérations successives, rendent ces grands fourrages généraux très-rares. Cette opération se fait, le plus souvent, par division, par brigade ou par régiment, selon le besoin.

Quelles conditions faut-il pour qu'un fourrage soit bien exécuté?

Pour qu'un fourrage soit bien exécuté, trois conditions sont à remplir : sécurité complète pour les fourrageurs ; le gaspillage et l'indiscipline évités par le bon ordre, et enfin répartition équitable aux ayant-droit des denrées recueillies.

Que faut-il reconnaître d'abord?

On reconnaît d'abord le terrain à fourrager, sous le rapport de son éloignement du camp ennemi et de ses communications avec le quartier-général du corps auquel il a été affecté. Puis, on évalue approximativement ses ressources, en exagérant un peu son estimation, pour n'avoir aucun mécompte lors de la répartition.

Comment reconnaît-on le rendement par hectare d'un pré ou d'un champ de céréales?

On arrive à reconnaître assez exactement ce que peut rendre par hectare un pré ou un champ de céréales, en fauchant rapidement une surface d'un mètre carré, sur un point d'un produit moyen, ou même encore en répétant cette opération sur trois points différents : on mesure régulièrement le fourrage ainsi coupé, puis une simple multiplication suffit pour donner une approximation suffisante. En général, un hectare de pré donne en moyenne de 6,000 à 8,000 kilog. de foin.

SIXIÈME LEÇON.

A quelle distance du camp doit-on fourrager?

Quant à la distance du camp, elle ne doit jamais dépasser trois ou quatre lieues, sauf le cas où l'éloignement de l'ennemi permettrait de faire d'un fourrage une opération purement administrative, sur laquelle nous n'avons rien à dire, sinon qu'on suit les mêmes règles qu'en présence ou dans le voisinage de l'ennemi, en supprimant les mesures de précaution.

Quand une troupe doit séjourner dans un endroit, quel est le principe pour fourrager?

Il est de principe, quand une troupe doit stationner quelque temps au même endroit, de fourrager d'abord les prés et les champs les plus éloignés (toujours dans la limite de prudence qui vient d'être indiquée), et de finir par les plus voisins. Cette règle a pour but, d'abord de priver l'ennemi de ressources qui sont généralement à sa portée comme à la vôtre, et ensuite de conserver toujours sous la main celles qui ne peuvent vous échapper et qu'on peut recueillir sans risques, dans toutes les éventualités possibles.

Comment se divisent les troupes destinées à exécuter un fourrage?

Les troupes destinées à exécuter un fourrage se divisent en deux parties : les *fourrageurs* et l'*escorte*. Elles sont d'ordinaire commandées par un officier supérieur d'état-major, et accompagnées d'un membre de l'intendance chargé spécialement de vérifier les quantités perçues et d'en régler la répartition.

De quoi les fourrageurs sont-ils pourvus et comment enlèvent-ils les denrées?

Les fourrageurs sont pourvus de deux cordes à fourrages et d'un sac à distribution ; ils conservent leurs sabres et leurs casques ou schakos, et sont pourvus du nombre de faulx et de focilles nécessaire. Chacun d'eux doit emporter 150 kilog. de fourrage et 50 kilog. d'avoine ou d'orge. Le fourrage, bottelé très-serré, est placé en équilibre et maintenu en deux trousses de chaque côté du cheval, le sac de grain est placé sur la selle, et le cavalier, marchant à pied, conduit son cheval en main.

Combien commande-t-on de cavaliers pour fourrager un hectare?

On commande 25 hommes, pour fourrager un hectare, et ils doivent le faire en deux heures. Si on le peut, il vaut mieux en commander 50 et terminer l'opération en une heure ; car, plus elle est prompte, plus on a de chances de la terminer sans que l'ennemi puisse y mettre obstacle. Au-delà de 50 hommes par hectare, le nombre n'accélèrerait pas plus la besogne, il y aurait encombrement et désordre. On divise ces 25 hommes par groupes de 5 : un faucheur, deux ramasseurs et deux botteleurs ; les faucheurs, placés sur une même ligne, s'avancent parallèlement à un des côtés du pré, suivis par les botteleurs. On charge les chevaux au fur et à mesure, et on les achemine vers le camp, sitôt chargés, par petits détachements de douze ou quinze, sous les ordres d'un sous-officier.

S'il y a quelque chose à craindre, que font les fourrageurs dès leur arrivée?

Si le pays est coupé, si les dispositions des habitants sont hostiles, en un mot si on craint quelque attaque, on charge tous les chevaux au moment de partir, et on se retire sous la protection de l'escorte.

Les fourrageurs, dès leur arrivée, placent leurs chevaux sur la lisière du pré ou sur les chemins qui traversent, et on les attache, comme au bivouac, à des cordes fixées à des piquets. On évite de leur faire traverser et fouler aux pieds la prairie, dans un but de conservation facile à comprendre, et les brides sont placées derrière les chevaux, de façon à pouvoir brider promptement, en cas d'alerte. Pour faire tenir ces animaux tranquilles, on leur donne quelques brassées de fourrage, et deux hommes de corvée, par vingt chevaux, restent auprès d'eux pour les surveiller.

De quoi est chargée l'escorte, et comment est-elle divisée?

La deuxième partie du détachement destiné à l'exécution d'un fourrage, l'*escorte*, est chargée uniquement de protéger l'opération, et les travailleurs ne commencent leur besogne qu'après que les mesures sont prises pour assurer leur tranquillité. Cette escorte est divisée en trois parties égales : le premier tiers sert à couvrir de vedettes, placées suivant les règles données au chapitre des camps et des cantonnements, tout le terrain, autour de celui sur lequel on opère.

On les éloigne le plus possible ; car, à moins de circonstances de terrain particulières, des attaques de cavalerie sont seules à craindre, et la rapidité des évolutions de cette arme exige qu'on soit prévenu de son arrivée, tandis qu'elle est encore éloignée.

Le deuxième tiers forme des postes, sur lesquels doivent se replier les vedettes, et que l'on place aux débouchés importants, aux défilés, aux ponts, aux carrefours des chemins, etc. Ces postes doivent se porter au-devant de l'ennemi, dès qu'il est en vue, l'attaquer avec énergie, quelle que soit sa force, et ne lui céder le terrain que pied à pied : car, si on ne peut le repousser complètement, il faut au moins ralentir sa marche, pour laisser le temps de sauver ce qu'on a déjà ramassé de fourrage, et pour permettre à la réserve de venir diminuer la disproportion des forces.

Enfin, le dernier tiers, formant la réserve, est placé dans une position centrale, un peu en arrière de la ligne des petits postes, de façon à pouvoir se porter rapidement, en cas d'attaque, sur le point où l'ennemi paraît le plus menaçant.

Comment faut-il employer cette réserve ?

Il faut employer cette réserve avec à-propos : car, si on l'engage avec trop de précipitation, elle peut ne trouver devant elle qu'une fausse attaque, au lieu de l'attaque réelle ; tandis que si on l'engage trop tard, la ligne des védettes et celle des petits postes étant dépassée, le combat aura lieu trop près des fourrageurs pour que l'opération ne soit pas interrompue, et, par suite, le but de l'ennemi atteint. En effet, il est presque impossible d'obtenir des fourrageurs de continuer leur travail sous le feu de l'ennemi. Le plus souvent, craignant d'être coupés et sabrés sans défense, ils abandonnent leurs trousses et sautent sur leurs chevaux, pour prendre part au combat ou s'en fuir, s'ils se croient inférieurs. Les officiers qui les dirigent doivent, dans de pareilles circonstances, déployer la plus grande fermeté pour leur faire conserver leurs trousses et même continuer le travail, tant que l'ordre de se retirer, en les emportant ou les abandonnant, suivant le cas, n'est pas arrivé.

SEPTIÈME LEÇON.

Qu'appelle-t-on fourrage au sec, et de quelle reconnaissance est précédée cette opération?

On appelle *fourrage au-sec,* l'opération qui consiste à prendre directement chez l'habitant le produit de ses récoltes. Comme le fourrage au vert, le fourrage au sec doit être précédé d'une reconnaissance préalable, plus difficile cette fois, car elle doit rester ignorée des habitants. Le plus souvent, elle est faite par des espions : les renseignements qu'on leur demande portent sur les quantités approximatives contenues dans les granges et magasins, sur la situation du village, la forme qu'il affecte et les matériaux employés dans sa construction; enfin, et c'est le point capital, sur le nombre, la direction et l'état des chemins qui y aboutissent.

Ces renseignements obtenus, que fait-on?

Ces renseignements obtenus, le détachement, composé et commandé comme pour le fourrage au vert, se met en route au milieu de la nuit, de manière à arriver au lieu indiqué à la pointe du jour. A un kilomètre environ du village, on s'arrête; l'escorte, prenant les devants, et conduite presque toujours par un espion ou un guide du pays, se poste de manière à intercepter toutes les issues, et place des vedettes au loin pour prévenir de l'arrivée de l'ennemi, s'il se présentait pendant l'opération.

Ces mesures de précaution prises, que fait le commandant du détachement?

Ces mesures de précaution prises, le commandant du détachement envoie dans la commune un des officiers sous ses ordres, ou va lui-même chez le maire, pour y faire sa réquisition. Il lui fait comprendre qu'il est de l'intérêt de ses administrés de s'exécuter de bonne grâce et d'éviter, par une sage soumission, l'intervention directe du soldat, source de vexations et de désordres, que la discipline la plus sévère ne peut pas toujours éviter. Si ce magistrat, prévoyant l'inutilité de la résistance, consent à ce qui lui a été demandé, l'officier lui fait prendre les mesures nécessaires pour le transport, par les habitants, des denrées requises au lieu où stationnent les fourrageurs. Il donne au maire l'appui de la force, pour vaincre les résistances partielles qui peuvent se manifester pendant l'opération, car il s'est fait accompagner de quelques cavaliers en se rendant chez lui, et, dès que l'objet de la réquisition est transporté au lieu qu'il a indiqué et chargé par les fourrageurs, il en donne un reçu au maire et fait partir ceux-ci avec la plus grande célérité, sous la protection de l'escorte qu'il rappelle alors. Il laisse toutefois une forte arrière-garde, pour surveiller les issues du village vers l'ennemi, et empêcher les habitants d'aller le prévenir de ce qui se passe chez eux; il donne les ordres nécessaires au chef de ce dernier détachement, pour qu'après avoir laissé à la troupe principale le temps de prendre une avance suffisante, il se retire à son tour rapidement et par le chemin le plus court.

Lorsque les habitants ont consenti à se laisser fourrager, quel est le point capital?

Lorsque les habitants ont consenti à se laisser fourrager, le point capital est d'empêcher, par la plus exacte vigilance, qu'un d'entre eux, perçant le cordon des védettes, aille avertir l'ennemi. Aussi, tire-t-on impitoyablement sur ceux qui essaient de le faire.

Si malgré ces précautions l'ennemi est prévenu?

Si, pourtant, malgré toutes les précautions, l'ennemi prévenu se met en marche pour s'opposer à l'opération, on doit connaître son mouvement longtemps avant son arrivée par les éclaireurs lancés dans sa direction.

Alors, suivant le cas, on accélère, par tous

les moyens, la rentrée des denrées, pour se retirer rapidement, sous la protection d'une arrière-garde aussi forte que possible. Si le détachement envoyé pour s'opposer au fourrage n'est pas trop fort pour être combattu avec chance de succès, dès que son approche est annoncée, on ordonne aux habitants de continuer plus promptement encore, sous peine d'une exécution militaire, le transport des fourrages ; on rallie l'escorte en une seule masse que l'on porte au-devant de l'ennemi, et, l'abordant avec vigueur, on le repousse, ou du moins on l'arrête pendant le temps nécessaire pour assurer la retraite des fourrageurs.

Si les habitants refusent ?

Il arrive souvent que les habitants refusent de livrer leurs récoltes. Dans ce cas, l'officier, voyant sa démarche préliminaire inutile, fait avancer tout son détachement et occupe militairement le village. Un tiers de sa troupe est employé aux mesures de précaution contre l'ennemi pouvant venir du dehors ; on peut même barricader les issues du village, du côté par lequel son arrivée est à craindre, en même temps qu'on élargit les autres et qu'on les rend plus faciles pour la retraite. Le deuxième tiers stationne sur la place principale et fait circuler de nombreuses patrouilles, tant pour rendre toute résistance inutile, que pour s'opposer aux excès du soldat. On défend aux habitants de sortir de leurs maisons, et on les prévient qu'ils s'exposent à recevoir une balle, en contrevenant à cet ordre. On fait ostensiblement charger les armes de la troupe, en un mot, on déploie le plus grand appareil de force, pour inspirer aux habitants une terreur salutaire, qui les empêche de provoquer, par une opposition intempestive, des actes de violence toujours regrettables.

Ces mesures prises.

Toutes ces mesures prises, on assigne aux

que font les officiers et sous-officiers?

hommes composant le dernier tiers du détachement les maisons à fourrager. Les officiers et les sous-officiers se multiplient par leur activité, et se livrent à une surveillance extrême, car c'est le moment où des désordres sont à craindre, tant de la part du soldat qui souvent se laisse aller au pillage, que de la part de l'habitant, dont la résignation n'est pas toujours la vertu dominante, dans de pareilles circonstances.

Que font les soldats?

Les soldats prennent donc et emportent, avec toute la célérité possible, les fourrages et les grains qu'ils trouvent dans les greniers et les granges; s'ils n'y trouvent rien, ils cherchent l'endroit où ils peuvent être cachés.

Si les éclaireurs et védettes signalent l'approche de l'ennemi, que fait-on?

Lorsque les éclaireurs et les védettes annoncent l'approche d'un corps venant pour s'opposer à l'opération, on agit comme nous l'avons indiqué plus haut, se méfiant toujours des fausses attaques, et, pour les éviter, se bornant à repousser l'ennemi, sans le poursuivre à outrance. N'en pas agir ainsi serait d'autant plus imprudent que, selon toute probabilité, si l'attaque a été facilement repoussée, elle n'a eu d'autre but que de vous entraîner dans une ambuscade.

Dans toute espèce de fourrage, que doit-on faire?

Dans toute espèce de fourrage, soit au sec, soit au vert, on fixe avant le départ les quantités à percevoir. Pendant l'opération, on les évalue approximativement, à mesure que les fourrageurs ou les habitants, suivant le cas, les apportent au lieu désigné. Cette évaluation se fait en forçant un peu les mesures, pour ne pas trouver de mécompte; on la facilite par la connaissance de la relation entre le poids et le volume des grains et du fourrage. En moyenne, un mètre cube de foin tassé pèse 120 kilog., ce qui donne 26 rations; un mètre cube de paille pèse 80 kilog. et donne 16 rations; un hectolitre d'avoine pèse 40 kilog. et donne 12 rations; un hectolitre d'orge pèse 65 kilog. et donne de 18 à 20 rations. Quant aux céréales servant à la nourriture de l'homme et employées seulement par exception à celle du cheval, on trouve qu'un hectolitre de maïs pèse 80 kilog., un hectolitre de blé-froment 75 kilog., et un hectolitre de seigle 70 kilog. Outre la facilité que donne cette relation du poids avec le volume pour le mesurage, elle est encore indispensable à connaître, pour déterminer le nombre de rations que peut porter chaque cheval.

HUITIÈME LEÇON.

DES ORDONNANCES.

ARTICLE 18e.

Comment est déterminée, au début de chaque campagne, la quantité d'ordonnances à cheval, que peuvent employer près d'eux les généraux et les chefs d'état-major?

Au début de chaque campagne, les commandants d'armée ou de corps d'armée déterminent la quantité d'ordonnances à cheval, que peuvent employer près d'eux les généraux et les chefs d'état-major, soit que ce service d'ordonnances appartienne à une troupe spéciale, soit qu'on le fasse faire par un ou plusieurs régiments. Les généraux commandant en chef fixent également les époques où les ordonnances seront relevées.

Quand une division n'a pas de cavalerie, ils désignent, dans toute la cavalerie légère de l'armée ou du corps d'armée, les régiments qui doivent fournir ces ordonnances. Ces fixations et désignations sont annoncées par l'ordre et varient selon les circonstances.

Quel est le service des ordonnances en route?

En route, les ordonnances suivent les officiers-généraux, et font à la fois le service d'ordonnances et celui d'escorte; celles qui ne suivent pas immédiatement les généraux ou les chefs d'état-major marchent à la tête des divisions ou des brigades.

Que fait-on quand les quartiers-généraux sont à portée du camp?

Quand les quartiers-généraux sont assez à portée des camps pour que les ordres puissent être envoyés par des ordonnances à pied, les généraux font commander pour ce service, si leur garde ne peut y suffire, le nombre d'hommes qu'ils jugent convenable.

Que doit faire l'adjudant-major ou l'adjudant sous-officier qui fait partir les ordonnances?

L'adjudant-major ou l'adjudant sous-officier qui fait partir les ordonnances leur remet un billet indiquant l'heure où elles ont dû se mettre en route. Un officier d'état-major remet aux ordonnances qui sont relevées un billet analogue.

Développements.

Quelle différence y a-t-il entre les ordonnances et les soldats près des officiers?

On confond quelquefois ces deux classes de militaires, il existe cependant une grande différence entre elles.

Les ordonnances ont pour objet principal de suivre les généraux et les chefs d'état-major; elles veillent à leur sûreté personnelle et sont chargées d'assurer la correspondance entre les chefs et les fractions importantes de l'armée; les soldats près des officiers n'ont au contraire qu'un service mercenaire pour l'entretien des armes et des effets, et le pansage des chevaux.

Comment doivent être choisies les ordonnances?

Les ordonnances doivent être prises parmi les meilleurs soldats, les plus adroits, les plus intelligents.

Quelles doivent être les principales qualités des ordonnances?

Destinées à porter des ordres importants, presque toujours abandonnées à elles-mêmes, elles doivent, dans les moments critiques, être susceptibles de prendre des résolutions soudaines et de les exécuter avec vigueur, dans l'intérêt de leur mission.

Les ordonnances ont-

Bonaparte, à l'armée d'Italie, ayant failli lui-

elles été toujours prises dans les régiments?

même être pris dans un village, par quelques soldats autrichiens, obtint d'avoir près de la personne du commandant en chef un corps spécial d'ordonnances, connu depuis sous le nom de guides, qui fut versé plus tard dans la garde des consuls, et forma, par la suite, le noyau des chasseurs de la garde impériale.

N'avons-nous pas aujourd'hui un corps de nouvelle création, qui, en campagne, serait chargé de ce service spécial?

Oui, il y a le corps des guides, créé par ordonnance du 4 avril 1848, pour le service et la correspondance des états-majors.

Que pensez-vous de ce corps?

L'utilité de ce corps me paraît incontestable, surtout en campagne: d'abord, on a des hommes spéciaux pour un service spécial; puis, on n'affaiblit pas les corps en leur enlevant un ou plusieurs escadrons, pour un temps plus ou moins long, mais qui dure souvent plusieurs mois.

Aussi, si de 5 escadrons, le corps des guides a été successivement réduit à 2, il est à présumer que cette mesure n'a été prise que par des raisons d'économie.

SOLDATS PRÈS DES OFFICIERS.

ARTICLE 19e.

Les officiers des régiments sont-ils autorisés à avoir des soldats dans leurs logements, et de quoi sont exempts ces cavaliers?

Les colonels et les lieutenants-colonels des régiments sont autorisés à avoir, dans leur logement, chacun deux soldats à leur choix; les autres officiers sont autorisés a en avoir un. Ces soldats sont exempts de service et de corvées; mais ils rentrent dans les rangs pour marcher, manœuvrer ou combattre.

Dans quelles fractions de troupe, les officiers choisissent-ils leurs soldats?

Les officiers composant l'état-major du régiment, y compris les officiers de santé, choisissent dans tout le régiment, sauf la confirmation du colonel, le soldat qui leur est attribué; les autres officiers le prennent dans la troupe qui est immédiatement sous leurs ordres.

Les officiers peuvent-ils faire conduire leurs chevaux de main par des soldats?

Les officiers supérieurs et les capitaines ne peuvent faire conduire leurs chevaux de main par des soldats. Les généraux ne permettent d'exception à cette règle que momentanément, et seulement lorsqu'il est constaté que la perte d'un domestique rend l'exception indispensable. Ils peuvent, sur la demande des chefs de corps, autoriser les lieutenants et les sous-lieutenants à faire conduire leurs chevaux par des cavaliers.

Quels sont les soldats qui peuvent être autorisés exceptionnellement à conduire des chevaux de main?

Les soldats autorisés exceptionnellement à conduire des chevaux de main, sont pris parmi les hommes non montés, et, dans l'infanterie, parmi les moins propres au service actif.

Quels chevaux montent ces soldats?

Ils ne peuvent monter que des chevaux appartenant à des officiers.

Développements.

Dans quel intérêt le règlement s'occupe-t-il des soldats près des officiers?

Il y a sur ce point tant d'abus, que les ordres, même les plus sévères, étaient souvent insuffisants pour les détruire. Il était donc important que le règlement fixât, d'une manière positive les droits et les pouvoirs de chacun: c'est actuellement aux colonels et aux généraux de tenir la main à ce que le nombre de soldats fixé par l'*Ordonnance* ne soit pas dépassé, et à ce que l'on n'emploie pas toujours les meilleurs et les mieux montés.

NEUVIÈME LEÇON.

DES DÉPOTS.

ARTICLE 20e.

Où sont établis les grands dépôts d'infanterie et de cavalerie?

Les grands dépôts d'infanterie et de cavalerie sont établis dans les places et garnisons assez éloignées des points d'opération de l'armée, pour qu'ils ne soient pas exposés à de fréquents déplacements. Les dépôts d'une même brigade, et ceux d'une même division, sont réunis ou du moins rapprochés autant que possible (1).

INSPECTEURS DES GRANDS DÉPÔTS.

ARTICLE 21e.

Qui surveille les grands dépôts?

Les grands dépôts ont des inspecteurs généraux institués pour eux, et qui résident au centre de l'arrondissement qui leur est assigné.

Comment partent les détachements pour l'armée?

Les détachements destinés à une même division partent, autant que possible, simultanément pour l'armée. Les inspecteurs généraux organisent ces détachements en bataillons, escadrons ou régiments de marche.

Développements.

A mesure qu'on avance en pays ennemi, et qu'on prend de nouvelles bases d'opérations, que deviennent les grands dépôts?

Ces dépôts se rapprochent du théâtre de la guerre, pour que les envois de troupe et de munitions ne souffrent pas de retard. Dans le principe ils sont à la frontière, plus tard on les établit à une distance convenable de l'armée, dans un pays conquis et dont la conservation paraît assurée.

La position des établissements militaires d'une nation doit-elle être la même que celle des grands dépôts?

Si les grands dépôts doivent être assez éloignés de l'armée pour qu'ils ne soient pas exposés à de fréquents déplacements, cette prescription est bien plus importante pour les établissements militaires d'une nation ; ceux-ci doivent être à l'abri des entreprises de l'ennemi ; ce n'est que

(1) A l'intérieur, on les établit dans de grandes villes commerçantes, où les corps ont sous la main tout ce qu'il faut pour leurs besoins. En pays ennemi, on les met dans des places fortes, parce qu'ils y sont plus en sûreté, et qu'il est très-avantageux pour l'armée et aussi économique que commode d'en former les garnisons avec des recrues.

par suite de grands revers qu'ils peuvent être exposés à tomber entre ses mains ; il faut que les ateliers de construction, les fabriques et une partie des dépôts d'armes et de munitions soient dans une position centrale.

Citez-moi quelques exemples à l'appui de cette assertion ?

Dans les campagnes de 1814 et de 1815, Napoléon avait amassé de nombreux approvisionnements de tous genres dans les villes de Metz et de Strasbourg. Ces arsenaux devinrent complètement inutiles à l'armée, lorsqu'ils furent dépassés et qu'on se battit sur la Marne et sur la Seine. C'est alors que l'on comprit tout le vice de leurs positions et la nécessité de mettre de tels établissements à l'abri des éventualités. Aussi, depuis, la manufacture d'armes de Tulle, que sa situation dans les montagnes du Limousin rendait difficilement accessible, reçut des augmentations ; Châtellerault, non moins bien situé, fut créé.

Sous le rapport de la position de ses établissements militaires, l'Autriche ne nous est-elle pas supérieure ?

Oui, et ce pays, qui, de toutes les puissances de l'Europe, a, peut-être, depuis plus d'un siècle, essuyé les revers les plus constants, doit à l'emplacement central de sa capitale et de ses établissements militaires, à la situation bien entendue de ses dépôts permanents pour les hommes et pour les chevaux, d'avoir pu réorganiser ses armées, tant de fois détruites et toujours renouvelées.

PETITS DÉPÔTS OU DÉPÔTS A L'ARMÉE.

ARTICLE 22e.

Comment sont organisés les petits dépôts ou dépôts à l'armée?

Les petits dépôts ou dépôts à l'armée sont organisés par divisions et par arme ; ils sont commandés par des officiers à qui des blessures ou des fatigues rendent le service actif trop pénible. Ils comprennent, autant que possible, les hôpitaux et les établissements de convalescence.

Sous quels ordres sont

Lorsque leur force le rend nécessaire, on les

placés les dépôts à l'armée?

met sous les ordres d'un ou de plusieurs officiers-généraux ; il y est attaché des sous-intendants et des payeurs.

Comment sont placés ces dépôts?

Ces dépôts sont placés de manière à servir de haltes et de points de réunion aux détachements qui rejoignent l'armée ; ils versent dans ces détachements les hommes devenus disponibles, et, réciproquement, reçoivent ceux qui ont cessé de l'être.

BASES DU SERVICE INTÉRIEUR EN CAMPAGNE.

ARTICLE 23e.

Quelles sont les règles observées pour le service intérieur des troupes en campagne?

Les règles ordinaires sur le service intérieur des troupes sont observées en tout ce qui n'est pas contraire aux dispostions prescrites par la présente Ordonnance.

SERVICE DE SEMAINE.

ARTICLE 24e.

Comment est réglé le service de capitaine de semaine en campagne?

Les fonctions de *capitaine de semaine* se réduisent, en campagne, aux distributions ; il prend en conséquence le titre de *capitaine de distributions;* les devoirs de police que lui assigne l'Ordonnance sur le service intérieur sont alors remplis par le capitaine commandant la garde de police.

Les officiers de semaine peuvent-ils s'absenter du camp ou du cantonnement?

Aucun officier de semaine ne peut s'absenter du camp ou du cantonnement, à moins d'en avoir obtenu la permission et de s'être fait remplacer.

Dans quel cas le service de semaine est-il modifié?

Lorsque la situation des camps, cantonnements ou bivouacs rend le service de semaine trop pénible, le colonel le modifie ou y substitue, avec l'autorisation du général de brigade, le service du jour.

ARTICLE 25e.

Par qui sont fixées les différentes heures de service?

FIXATION DES HEURES DE SERVICE.

Le commandant d'un camp fixe les heures du réveil, des rapports, des appels, de la soupe, du service des chevaux, des distributions, des corvées de propreté, etc., etc.

Le même pouvoir est accordé à tout commandant de corps, de poste, de détachement isolé ou proche de l'ennemi.

Par qui est donné le signal du réveil et celui de la retraite?

Le signal du réveil est donné par le tambour de la garde de police du régiment, qui est campé à la droite de la première ligne.

Le signal de la retraite est donné, comme celui du réveil, par les tambours du régiment placé à la droite.

Où se réunissent les gardes et piquets?

A la sonnerie pour la garde montante, les gardes et le piquet se réunissent au centre du régiment; les gardes sur le front de bandière, le piquet à douze pas en arrière des gardes; le chef d'escadrons et les officiers de semaine sont présents. Après l'inspection, les gardes défilent au commandement du plus ancien capitaine de garde.

Comment ont lieu les autres rassemblements dans la cavalerie?

Dans la cavalerie, les rassemblements par escadron ont lieu dans les grandes rues du camp.

L'appel du pansage est fait habituellement une heure après le déjeûner des chevaux. Les cavaliers se rendent en armes à l'appel de l'après-midi; tous les officiers y assistent. Lorsque les troupes séjournent dans un camp, le général de brigade ordonne un second pansage, s'il le juge nécessaire.

ARTICLE 26e.

Comment sont formés les ordinaires?

FORMATION DES ORDINAIRES.

Chaque escouade forme un ordinaire; si l'effectif de l'escouade diminue, le nombre des ordinaires est réduit, de manière toutefois que chacun d'eux comprenne toujours de douze à seize hommes.

Si l'escadron se divise pour cantonner, les hommes faisant ordinaire ensemble sont, autant que possible, réunis dans le même cantonnement.

Comment va-t-on à l'eau ?

Lorsqu'il est défendu d'aller à l'eau isolément, les sous-officiers de semaine réunissent les cuisiniers et les y conduisent en ordre.

DIXIÈME LEÇON.

PLACEMENT DES OFFICIERS SUPÉRIEURS

ARTICLE 27e.

Quelle est la place des officiers supérieurs quand le régiment est divisé?

Quand le régiment est divisé, le colonel réside près de la fraction que le général juge avoir le plus d'importance par sa force, par sa position ou par la nature des opérations qui lui sont confiées.

A moins qu'il n'en soit autrement ordonné, le lieutenant-colonel réside près de la fraction la plus nombreuse après celle que commande directement le colonel. Les chefs d'escadrons restent avec celui des escadrons sous leurs ordres, que leur désigne le colonel.

MAJORS, OFFICIERS D'HABILLEMENT ET D'ARMEMENT ; OUVRIERS.

ARTICLE 28e.

En campagne, par qui sont remplies les fonctions de major?

Les fonctions de major, en ce qui concerne la surveillance de la tenue des contrôles, des actes de l'état civil, de la comptabilité en deniers et en matières, sont remplies, aux escadrons de guerre, par un capitaine désigné à cet effet.

Quel est l'officier chargé de l'habillement?

Le lieutenant d'armement est en même temps chargé de l'habillement.

Dans la cavalerie, cette double fonction peut être remplie par le porte-étendard.

Quels sont les ouvriers désignés pour suivre les escadrons de guerre?

Le maître-armurier; un sellier, un tailleur, un bottier, premiers ouvriers, suivent les escadrons de guerre, auxquels on attache, en outre, le nombre d'ouvriers hors rang qu'on juge nécessaire, s'il ne s'en trouve pas suffisamment dans les escadrons.

De quelles autres réparations le maître-armurier est-il chargé et que lui accorde-t-on à cet effet?

Indépendamment de la réparation des armes, le maître-armurier est chargé de faire celle des ustensiles de cuisine. Il lui est accordé un ouvrier au moins par deux escadrons.

CONSERVATION DES ARMES ET DES MUNITIONS.

ARTICLE 29e.

Qui doit veiller particulièrement à la conservation des armes et des munitions?

La conservation des armes et des munitions doit être l'objet de l'attention continuelle des capitaines; ils veillent à ce que chaque soldat ait constamment son nécessaire d'armes, son épinglette; dans la cavalerie, ils s'assurent en outre que le harnachement et la ferrure sont bien entretenus.

Que deviennent les cartouches des hommes allant aux hôpitaux?

Les cartouches des hommes allant aux hôpitaux sont données à ceux qui en manquent. Les balles des cartouches avariées sont retirées et remises à l'artillerie.

Comment les armes à feu doivent-elles être déchargées?

Les fusils qui doivent être déchargés, le sont avec un tire-balle; ceux qui ne peuvent pas l'être de cette manière sont tirés à l'appel de midi, en avant du front de bandière, et en présence de l'officier de semaine.

Développements.

Les soins que réclament la ferrure et le harnachement sont-ils,

Ces soins sont tout ce qu'il y a de plus important dans la cavalerie. Les moindres détails du

dans la cavalerie, aussi importants que ceux qui doivent être donnés aux armes et munitions?

harnachement doivent être l'objet de l'examen le plus sévère. En effet, un cheval mal embouché cessera d'être maniable et résistera au cavalier. Le moindre pli à la couverte, la moindre détérioration de la selle blessera le cheval et le mettra hors de service. On doit veiller surtout au bon état des étrivières, des sangles et des porte-rênes. Les soins que réclame la ferrure sont tout aussi importants. Ainsi, en 1807, une division de dragons, forte de 2,000 chevaux, partit de Bayonne pour renforcer l'armée de Portugal. Le général qui la commandait, comptant sur les ressources du pays, négligea d'emporter les fers de rechange (1) nécessaires au renouvellement de la ferrure, supposant qu'il en trouverait partout. Il n'en trouva nulle part et laissa 1,600 chevaux en arrière. Le renfort qu'il amenait, et sur lequel on comptait, fut donc insignifiant. Une affaire, même malheureuse, eût eu certes de moins funestes résultats.

PUNITIONS.

ARTICLE 31e.

Où se dépose l'épée ou le sabre d'un officier aux arrêts de rigueur?

L'épée ou le sabre d'un officier aux arrêts de rigueur se dépose chez le commandant du corps. L'épée d'un officier sans troupe, dans le même cas, est remise au chef d'état-major de la division.

Comment se gardent les arrêts simples?

Les arrêts sont gardés dans la tente ou baraque.

Comment les punitions de la troupe sont-elles subies?

Le poste avancé de la garde de police remplace la salle de police; la prison du quartier-général supplée à celle de la place. Il ne doit être consigné au poste avancé de la garde de police que

(1) Par décision ministérielle du 30 juillet 1845, chaque cavalier, doit être muni de 4 fers préparés à l'avance et des clous nécessaires.

les hommes punis pour fautes de simple discipline, et qui, dans le cas d'une attaque, peuvent être renvoyés à leurs escadrons. Les hommes susceptibles d'être jugés par un conseil de guerre, sont envoyés à la prison du quartier-général et remis à la gendarmerie.

ONZIÈME LEÇON.

CAMPS, CANTONNEMENTS ET CAMPEMENT.

ARTICLE 32e.

Qu'entend-on par camp, cantonnement ou campement?

On entend par *camp*, les lieux où les troupes sont établies sous la tente, dans des baraques ou au bivouac; par *cantonnement*, l'ensemble des lieux habités qu'elles occupent sans y être casernées; par *campement*, la réunion des individus chargés de préparer, soit un camp, soit un cantonnement.

CHOIX ET FORME DU CAMP.

ARTICLE 33e.

Par qui est reconnu autant que possible l'emplacement du camp; et quelles sont les considérations qui en font déterminer le choix et la forme?

Autant que possible, le général fait d'avance reconnaître l'emplacement du camp; le choix et la forme en sont déterminés par l'objet qu'il doit avoir: si c'est un *camp de marche*, l'officier chargé de l'établir ne consulte que la sûreté et la commodité des troupes, la facilité des communications, la proximité du bois et de l'eau, les ressources en vivres et en fourrages; si ce doit être un *camp retranché*, un camp destiné à couvrir un pays; s'il doit inquiéter l'ennemi, ou le tromper sur le nombre des troupes qu'il contient, on lui donne une assiette et des dimensions relatives au but qu'on se propose.

COMPOSITION DU CAMPEMENT.

ARTICLE 34e.

Comment se compose le campement d'un régiment?

Le campement d'un régiment se compose d'un adjudant-major, d'un adjudant, et, par escadron, d'un fourrier, d'un brigadier et de deux cavaliers.

Que détermine le général, selon que les régiments doivent camper ou cantonner, être divisés ou réunis?

Le général détermine, selon que les régiments doivent cantonner ou camper, être divisés ou réunis, si la garde de police marchera ou non avec le campement. Il peut faire marcher avec le campement, des bataillons, compagnies ou escadrons, lorsqu'il croit cela nécessaire pour assurer sa marche, pour occuper des débouchés, des villages ou tout autre point dont il faudrait s'emparer à l'avance.

Les équipages et les chevaux de main marchent-ils avec le campement?

Les équipages ni les chevaux de main ne peuvent, sous aucun prétexte, marcher avec le campement.

RÉUNION DU CAMPEMENT.

ARTICLE 35e.

Que doit faire le général lorsqu'il peut envoyer à l'avance préparer le camp?

Lorsque le général peut envoyer à l'avance préparer le camp, il donne au chef d'état-major ses instructions à cet égard; si la récolte n'est pas faite, il prescrit les dispositions nécessaires pour assurer la conservation ou la répartition des grains ou des fourrages. Le chef d'état-major demande aux corps leur campement, qu'un officier supérieur d'état-major est chargé de conduire.

DEVOIRS DE L'ADJUDANT-MAJOR DE CAMPEMENT.

ARTICLE 36e.

Quels sont les devoirs d'un adjudant-major de campement?

L'adjudant-major chargé du campement reconnaît ou fait reconnaître les abreuvoirs et les endroits où les hommes peuvent prendre de l'eau; il signale ceux qui seraient dangereux, soit par la proximité de l'ennemi, soit par toute autre cause. Si, pour les rendre plus praticables, quelques travaux sont nécessaires, il les fait exécuter par des hommes de la garde de police ou par des habitants. Il reconnaît en outre, à portée du camp, une maison, où l'armurier et le sellier puissent travailler. Lorsque le campement n'a pas précédé la troupe, un adjudant-major est chargé de prendre les dispositions ci-dessus, aussitôt après l'arrivée au camp.

Développements.

CAMPS ANCIENS.

Avons-nous quelques documents sur la manière de camper des Grecs ?

Les détails nous manquent sur la manière de camper des Grecs, nous savons seulement qu'ils avaient adopté la figure circulaire, comme étant celle qui présente le plus de surface, à développement égal. Toutes les rues venaient aboutir au centre, où se trouvait placé le général.

Cette manière de camper est encore suivie, de nos jours, par quelques peuples de l'Asie. Si elle présente quelques avantages, sous le rapport de la surveillance intérieure, il n'en est pas de même pour la défense, en cas d'attaque inopinée; elle viole le principe rigoureux, qui veut que l'on campe toujours dans l'ordre dans lequel on doit combattre.

Les Grecs retranchaient-ils leurs camps?

Leurs camps étaient souvent entourés d'une enceinte qui en défendait les approches; mais, en général, ils s'en remettaient à la nature du soin de retrancher leurs camps; ils les établissaient dans les lieux favorables et protégés par des accidents de terrain. Ils prenaient, du reste, pour garder le camp et éviter les surprises, à peu près les mêmes précautions que les modernes.

Avons-nous quelques documents sur la manière de camper des Romains?

Nous sommes très-riches en descriptions de camps romains.

Comment les Romains campaient-ils dans le principe ?

Dans le principe, ils campaient sans ordre, dans des huttes éparses, qu'ils resserrèrent ensuite et entourèrent d'un fossé ; plus tard, ils obtinrent dans l'art du campement une grande perfection.

Quelle était la forme des camps romains ?

Les camps romains affectaient différentes formes, suivant les particularités du terrain ; des tentes aux retranchements, on laissait un espace de 200 pas ; cet espace rendait facile l'entrée et la sortie du camp ; les traits de l'ennemi ne parvenaient que très-difficilement aux troupes.

Les Romains retranchaient-ils leurs camps ?

Les Romains excellaient dans l'art de retrancher leurs camps ; il reste encore de nos jours des vestiges de ces ouvrages, qu'ils élevaient avec autant de célérité que de perfection.

CAMPS MODERNES.

Quelle est l'époque de transition des camps anciens aux camps modernes ?

Si nous passons à la castramétation des peuples modernes de l'Europe, nous voyons que les Francs, ayant conquis les Gaules, y apportèrent leurs usages, et la castramétation régulière fut oubliée jusqu'en 1566, époque à laquelle la Hollande, voulant secouer le joug de la maison d'Autriche, rétablit, sous la direction du célèbre Maurice, prince d'Orange, des camps à l'instar de ceux des Romains. On en fit bientôt de semblables dans toute l'Europe.

En quoi consiste l'avantage des camps modernes ?

L'avantage des camps modernes consiste :

1° Dans la conservation de l'ordre de bataille ;

2° Dans la facilité des communications dans toutes les parties du camp ;

3° En cas d'alerte, les sous-officiers, placés dans le premier rang des baraques, concourent à la formation des troupes, à mesure qu'elles arrivent sur le front de bandière ;

4° Les officiers des escadrons et ceux de l'état-major du régiment contribuent, par la place qu'ils occupent, au maintien de la police et du bon ordre, en exerçant une surveillance de tous les instants;

5° Le colonel, entouré des officiers qui sont chargés de la transmission des ordres, domine l'ensemble du camp;

6° Les feux sont à la portée de la troupe, sans qu'il y ait à craindre pour les accidents;

7° Les cavaliers sont près de leurs chevaux, ils ne changent point d'ordinaire ou d'escouade;

8° Les ouvriers et les cantiniers, placés au centre du camp, sont à la disposition de qui les réclame, et les équipages ne gênent par la circulation.

Combien, à l'époque actuelle, compte-t-on d'espèces de camps?

Il y a trois espèces de camps:

1° Les camps mobiles ou de campagne;

2° Les camps d'instruction;

3° Les camps retranchés.

DOUZIÈME LEÇON.

CAMPS MOBILES OU DE CAMPAGNE.

N'y a-t-il pas une subdivision à établir entre les camps mobiles ou de campagne?

Lorsque les troupes doivent séjourner quelque temps dans un camp, on les établit sous la tente ou dans les baraques; lorsqu'il s'agit simplement d'un camp de marche, on les fait bivouaquer: l'ordonnance et les dispositions générales sont les mêmes dans les deux cas.

L'usage des tentes n'a-t-il pas été interrompu?

Les tentes paraissent avoir été abandonnées, depuis les guerres de la Révolution et celles de l'Empire; elles retardaient la marche des armées et rendaient impossibles le secret et le mystère, sans lesquels il n'y a pas de succès à l'armée.

Par quoi les tentes ont-elles été remplacées?

Les baraques ont été adoptées; elles sont encore d'un grand embarras; mais du moins une

armée n'est pas obligée de les traîner après elle, les matériaux se rencontrant sur les lieux-mêmes où l'on est obligé de camper (1).

Les camps sous la tente ou les baraques doivent-ils être retranchés?

Les camps sous la tente ou les baraques sont retranchés quand leur durée probable ou les circonstances l'exigent ; mais il ne faut pas confondre ces espèces de camps avec les camps retranchés, proprement dits.

Quelle est la manière la plus avantageuse de camper pour une troupe en marche?

Le bivouac est la manière la plus avantageuse de camper pour une troupe en marche, elle permet de se porter avec célérité sur une position donnée, sans éveiller l'attention de l'ennemi.

Le bivouac est-il aussi pénible qu'on pourrait le croire?

Le bivouac, quoique fort malsain pendant les pluies et fort dur pendant les froids, n'est pas aussi pénible qu'on pourrait le croire. Le soldat s'y endort les pieds près du feu dont la chaleur sèche la terre : chose impossible dans une tente, où le froid se fait vivement sentir, et où les hommes enfermés dans un petit espace corrompent bientôt l'air qu'ils respirent.

Quelle est la meilleure manière de bivouaquer?

C'est celle de nos soldats en Afrique ; ils se construisent avec leurs couvertures, leurs sacs de campement et des bâtons qu'ils ont toujours avec eux, de petites tentes fort basses dans lesquelles ils logent par deux. On allume alors un nombre plus ou moins grand de feux par escadron. Ce mode de campement est préférable à tous les autres.

CAMPS D'INSTRUCTION.

Les règlements se sont-ils occupés des camps d'instruction?

Les règlements de 1778 et 1792 avaient consacré un titre relatif aux camps d'instruction ; l'Ordonnance de 1832 n'en a pas parlé ; en effet,

(1) Les Anglais sont presque les seuls qui aient conservé les tentes, à cause de la nature de leurs guerres, et pour résister au climat dévorant de l'Inde.

ces camps ressemblent en tous points aux camps de guerre ; les principes de campement une fois posés doivent servir dans toutes les circonstances ; nous ne parlerons ici de ces sortes de camps que pour faire ressortir le but de leur institution.

Quels sont les avantages des camps d'instruction ?

Un camp de paix, répété tous les ans, où l'on pratiquerait les différentes opérations de la guerre, serait le plus sûr moyen de conserver l'ordre et l'uniformité dans le service ; il serait l'école des troupes pour les grandes manœuvres et surtout celle des officiers-généraux.

Les camps d'instruction n'avaient-ils pas reçu une autre dénomination ?

Les camps d'instruction, qui étaient très en usage autrefois, avaient la dénomination de *camps de plaisance.* Le camp le plus remarquable est celui de 1698, établi à Compiègne pour l'instruction du duc de Bourgogne.

CAMPS RETRANCHÉS.

Qu'entend-on par camps retranchés, proprement dits ?

Les camps retranchés, proprement dits, sont des enceintes défendues par des ouvrages, et dont l'objet est de recevoir et mettre momentanément à couvert des corps d'armée plus ou moins considérables. En 1761, Frédéric dût son salut à celui de Buntzlewiltz.

En 1800, le camp retranché d'Ulm arrêta Moreau, un mois entier, sur le Danube.

Combien en distingue-t-on de sortes ?

Deux sortes : ceux qui sont formés par une ligne continue d'obstacles destinés à couvrir tout le développement du front de la position ; on les désigne d'ordinaire sous le nom de *lignes*. Les autres, qu'on appelle *permanents*, sont formés par un système d'ouvrages revêtus en maçonnerie et construits d'après les lois de la fortification sur des points stratégiques importants.

Quelle est la valeur des uns et des autres ?

Quelque parfaits que soient les premiers, ils donnent rarement de bons résultats. Ainsi, pour en citer quelques exemples, nous voyons le prince

Eugène, avec une armée inférieure de moitié, forcer les lignes de Turin et battre l'armée française. Villars, à Denain, le battit à son tour, pour avoir fait usage de ce moyen pernicieux de défense.

Il faut cependant avouer que les Anglais obtinrent de bons résultats des lignes qu'ils avaient établies à Torrès-Vedras; mais cela tint surtout à des circonstances exceptionnelles, au nombre desquelles il faut compter principalement le voisinage de la mer qui était leur véritable base d'opérations, le mauvais état de l'armée française, la ruine du pays environnant. Malgré tout cela, peut-être leur eussent-elles été funestes, si le général français avait eu l'audace de les attaquer.

Les camps permanents, au contraire, sont excellents lorsqu'ils sont bien établis. Le plus remarquable, peut-être, est celui de Lintz, en Autriche, composé de 42 tours casematées, couvertes par des glacis, armées de gros calibres et se flanquant mutuellement. Le camp, traversé de plus par le Danube, rend inattaquable une armée qui y serait bien installée.

TREIZIÈME LEÇON.

GUIDES ET SAUVE-GARDES.

ARTICLE 37e.

Quelle est l'attention des officiers de campement relativement aux guides et sauve-gardes?

Les officiers de campement envoient au-devant des troupes, si cela est nécessaire, des fourriers, des brigadiers ou des soldats avec des guides du pays.

L'officier commandant le campement ou l'avant-garde fait placer des sauve-gardes dans les hameaux, maisons ou magasins à proximité du camp, et, si la rareté de l'eau l'exige, des sentinelles aux puits et aux fontaines (1). Ces sauvegardes sont relevées à l'arrivée des régiments par des hommes désignés pour ce service.

ORDRE DONNÉ AVANT L'ÉTABLISSEMENT DU CAMP.

ARTICLE 38e.

Comment se forme la troupe en arrivant au camp et pour les rassemblements généraux?

En arrivant au camp, et pour les rassemblements généraux, l'infanterie se forme sur le front de bandière ; la cavalerie, au contraire, se forme en arrière de son camp ou bivouac. Les officiers-généraux activent le plus possible l'établissement des troupes dans le camp, surtout après des marches longues et pénibles.

Comment l'ordre est-il donné dans les brigades et les régiments?

L'ordre est donné, dans chaque brigade, par le général aux colonels personnellement ; dans les régiments, par le colonel aux officiers supérieurs, aux commandants d'escadrons, aux adjudants-majors et aux adjudants réunis en cercle, les maréchaux-des-logis-chefs étant derrière leurs capitaines.

Quel est l'objet de l'ordre?

L'ordre a pour objet de faire connaître le nombre d'hommes que le régiment doit fournir pour les gardes, pour le piquet et pour les ordonnances ; la nature, l'heure, le lieu des distributions et les corvées qu'on doit y envoyer ; les travaux à exécuter pour établir des communications ou retrancher des postes ; les dispositions relatives au départ, et toutes celles qui concernent le bon ordre, le service intérieur ou extérieur du camp.

L'ordre général étant donné, que font les adjudants-majors et adjudants de semaine, les capitaines-commandants et officiers supérieurs de semaine?

L'adjudant-major et l'adjudant de semaine commandent le service ; les capitaines donnent, à

(1) En Afrique, cette précaution est de première nécessité.

haute voix, l'ordre à leurs escadrons, en y ajoutant les explications nécessaires ; les maréchaux-des-logis-chefs commandent les hommes de service. L'officier supérieur de service fait réunir les gardes et le piquet ; les gardes partent sans délai pour les différents postes.

ARTICLE 39e.

ENTRÉE DANS LE CAMP.

Dans les troupes à cheval, où l'étendard est-il provisoirement placé?

Dans les troupes à cheval, l'étendard est confié provisoirement à la garde de police.

Comment se forme chaque division pour camper et que fait-on?

Chaque division se porte un peu en arrière de l'emplacement où doivent être attachés ses chevaux, et s'y forme sur un rang, ainsi qu'il est prescrit, art. 42. On met alors pied à terre : des cavaliers sont désignés pour tenir les chevaux ; les autres, après avoir placé leurs armes en faisceaux, plantent les piquets et y fixent les cordes ; on ne s'occupe des baraques que lorsque les chevaux sont attachés et qu'il a été pourvu à leurs besoins. Les baraques étant construites, chaque homme pose, contre le côté le moins exposé à la pluie, son fusil, son mousqueton ou sa lance ; il y suspend son sabre et la bride de son cheval.

Que devient ensuite l'étendard?

L'étendard est ensuite porté à la baraque du colonel.

Si l'on est près de l'ennemi, jusqu'à quand le piquet reste-t-il à cheval?

Si l'on est à portée de l'ennemi, le piquet reste à cheval jusqu'à la rentrée des corvées ; dans ce cas, il est au besoin renforcé par un certain nombre d'hommes de chaque escadron.

ARTICLE 40e.

INSTRUCTION POUR LE TRACÉ D'UN CAMP.

Quelle est la manière de tracer un camp?

Les termes de tête ou de front, de flanc, de droite, de gauche, de file et de rang, ont pour le camp la même acception que pour l'ordre de bataille.

Toutes les dimensions pour le camp sont mesurées au pas de 2/3 de mètre ; trois pas équivalent à deux mètres.

L'étendue du camp est ordinairement égale au front de la troupe qui doit l'occuper.

La grandeur des baraques varie, suivant l'espèce de matériaux qu'on peut y employer ; mais en général les grandes baraques sont à préférer ; les baraques ont, pour 20 hommes, 7 pas de large sur 10 de long ; pour 16 hommes, 7 pas sur 8 ; pour 8 hommes, 4 pas sur 8 ; les baraques pour la cavalerie, devant contenir les selles, sont occupées par un plus petit nombre d'hommes. Les baraques sont disposées par files et par rangs.

Le nombre des rangs varie, selon la force des escadrons, et selon la dimension des baraques.

CAMP DE CAVALERIE.

ARTICLE 42e.

Comment doit-être établi un camp de cavalerie ?

Dans la cavalerie, chaque escadron a deux files de baraques, une par division.

Les baraques, quelle que soit leur dimension, ont leur grand côté parallèle au front de bandière, et leur ouverture sur la rue, à gauche de chaque file de baraques.

Comment sont placés les chevaux de chaque division ?

Les chevaux de chaque division sont placés sur une seule rangée, faisant face à l'ouverture des baraques ; ils sont attachés par des cordes à des piquets plantés fortement en terre, à une distance de 3 à 6 pas des files de baraques de la division.

L'intervalle qui sépare les files de baraques, doit être tel que, le régiment étant rompu en colonne par division, chaque division de la colonne soit sur l'alignement de l'emplacement où doivent être attachés les chevaux ; chaque intervalle forme une rue perpendiculaire. La deuxième rue de chaque escadron est plus large que la première de tout l'intervalle qui doit séparer les escadrons en bataille. Cet intervalle reste toujours libre dans toute la profondeur du camp.

Où sont placés les chevaux du deuxième rang, ainsi que les chevaux d'officiers?

Les chevaux du 2e rang sont chacun à la gauche de leur chef de file. Les chevaux des lieutenants et sous-lieutenants sont à la droite des pelotons; ceux du capitaine-commandant à la droite de la première division; ceux du capitaine en second à la droite de la deuxième division.

Quel espace occupe environ chaque cheval, et que détermine le nombre de chevaux à placer dans une rangée?

L'espace qu'occupe un cheval est d'environ deux pas et demi (1 mètre 2/3); le nombre des chevaux à placer dans une rangée détermine la profondeur du camp de la troupe et la distance entre les rangs de baraques; les fourrages se placent entre les rangs.

Où sont placés les cuisines, les sous-officiers et les baraques du petit état-major, ouvriers, cantiniers, etc., etc.?

Les cuisines sont à vingt pas en avant de chaque file de baraques; les sous-officiers de chaque escadron sont placés dans les baraques du 1er rang. Les baraques du petit état-major, des ouvriers, des conducteurs des équipages, des cantiniers et des blanchisseuses forment le dernier rang du camp de la troupe. La garde de police a son abri sur le même rang, vers le centre du régiment; ses armes sont posées contre l'abri.

Comment sont disposées les baraques des officiers en général?

Les baraques des officiers ont leur grand côté perpendiculairement au front de bandière; elles sont placées sur deux lignes, en arrière et sur le prolongement des files de baraques de la troupe: celles des officiers d'escadron à une distance de 30 pas; celles des officiers d'état-major à 30 pas plus en arrière.

Où campent les officiers de tous grades?

Les capitaines campent derrière la droite de leur escadron; les lieutenants et sous-lieutenants derrière la gauche; les chefs d'escadrons campent derrière un des escadrons soumis à leur commandement.

Le colonel campe derrière le centre du régiment, le lieutenant-colonel à sa droite, les adjudants-majors ensemble à sa gauche. L'adjoint au trésorier, le porte-étendard, campent ensemble derrière un des escadrons de droite.

Où sont placés les chevaux de l'état-major et ceux de l'infirmerie?

Les officiers de l'état-major ont leurs chevaux près de leurs baraques, sur le même alignement que ceux des escadrons. Les chevaux à l'infirmerie sont placés sur une rangée à la droite ou à la gauche du régiment. Les hommes qui en prennent soin sont établis dans des baraques formant une file particulière.

Le vétérinaire en premier et ses aides occupent ensemble la dernière baraque, sur le rang de celles du petit état-major.

Où sont parquées les forges et les autres voitures, ainsi que les chevaux des équipages et des cantiniers?

Les forges et autres voitures sont parquées en arrière de l'infirmerie.

Les chevaux des équipages et des cantiniers sont placés sur une ou plusieurs rangées, à hauteur des baraques de l'état-major et sur l'alignement de ceux de l'escadron de gauche ou de l'escadron de droite.

Où se place le poste avancé de la garde de police?

Le poste avancé de la garde de police est à 200 pas environ en avant du premier rang de baraques, et habituellement vis-à-vis du centre du régiment. Autant que la configuration du terrain le permet, il a un abri proportionné à sa force. La baraque pour les prisonniers est à 4 pas en arrière de cet abri. Les chevaux sont placés sur une ou deux rangées.

Où doivent être placées les latrines?

Les latrines pour la troupe sont à 150 pas en avant du premier rang de baraques; les latrines pour les officiers sont à 100 pas en arrière de la ligne des baraques de l'état-major. Les unes et les autres sont entourées d'une feuillée.

QUATORZIÈME LEÇON.

DÉFENSE DE S'ÉTABLIR DANS LES MAISONS.

ARTICLE 43e.

Est-il permis aux officiers de s'établir dans les maisons, lorsqu'ils sont campés?

Aucun officier ne peut s'établir ni placer ses équipages dans les maisons qui sont sur le terrain qu'occupe une brigade, lors même que ces maisons sont vides, à moins toutefois d'une autorisation expresse du général de brigade, qui, dans ce cas, rend compte au général de division.

BIVOUACS.

ARTICLE 45e.

En quels lieux sont établis de préférence les bivouacs?

Les bivouacs sont établis de préférence sur des terrains secs, abrités, à portée des ressources en vivres et en fourrages.

Dans quel ordre établit-on le bivouac d'un régiment de cavalerie?

Lorsqu'un régiment de cavalerie doit bivouaquer, le colonel, après avoir pris les mesures de sûreté nécessaires, l'établit, autant que les localités le permettent, dans l'ordre suivant:

Le régiment étant en bataille, en arrière de l'emplacement sur lequel il doit bivouaquer, le colonel fait rompre par pelotons à droite. Les chevaux de chaque peloton sont placés sur une seule rangée et attachés comme il est prescrit pour le camp; *ils restent sellés toute la nuit.*

Où les armes sont-elles placées?

Les fusils, mousquetons ou lances sont d'abord formés en faisceaux en arrière de chaque rangée de chevaux; les sabres, auxquels on suspend les brides, sont posés contre les faisceaux.

En quel endroit sont placés les fourrages?

Les fourrages sont placés à la droite et sur le prolongement de chaque rangée de chevaux. Deux gardes d'écurie par peloton restent près des chevaux.

Où établit-on le feu de chaque peloton?

Un feu est établi par chaque peloton vers le front de bandière, à 20 pas à gauche de la rangée des chevaux. Les hommes se placent à l'entour et construisent un abri, s'il est possible. Chaque cavalier porte alors contre l'abri ses armes et la bride de son cheval.

Les feux et abris pour les officiers ?

Les feux et abris pour les officiers sont établis en arrière de la ligne des cavaliers.

Comment doivent être l'intervalle entre les escadrons et celui entre les abris ?

L'intervalle entre les escadrons doit rester libre dans toute la profondeur du bivouac. L'intervalle entre les abris doit être tel que les pelotons puissent se porter facilement à leur place de bataille, soit en arrière, soit en avant du camp.

D'après quelles considérations détermine-t-on la manière de panser les chevaux et de les conduire à l'abreuvoir ?

La distance où l'on est de l'ennemi détermine la manière dont les chevaux sont pansés et conduits à l'abreuvoir ; quand il est permis de desseller, les selles sont placées en arrière des chevaux ; elles sont garnies de la schabraque ; la couverte est toujours pliée.

Lorsqu'il y a lieu de craindre une surprise, quelles sont les précautions à prendre ?

Lorsqu'il y a lieu de craindre une surprise, l'infanterie prend les armes à la pointe du jour ; la cavalerie monte à cheval jusqu'à la rentrée des reconnaissances. Si l'on doit démonter les armes pour les nettoyer, on ne le fait que successivement.

CAVALERIE DANS LES VILLAGES.

ARTICLE 46e.

Quelles sont les causes déterminantes pour placer la cavalerie dans les villages ?

A raison de la conservation et de la subsistance des chevaux, on doit placer la cavalerie dans les villages, toutes les fois que la distance où l'on est de l'ennemi et le temps dont elle peut avoir besoin pour se rendre à sa place de bataille le permettent. Elle occupe alors plus ou moins de villages, selon ces deux circonstances.

Quand les logements n'ont pu être préparés à l'avance, comment sont-ils désignés ?

Quand les logements n'ont pu être préparés à l'avance, un adjudant-major de chaque régiment désigne l'emplacement des escadrons, d'après l'ordre de bataille.

Que font les fourriers?

Les fourriers reconnaissent promptement les maisons assignées à leur escadron; le logement est établi de préférence dans les fermes et dans les auberges qui sont pourvues de grandes écuries, surtout dans celles qui ont une place libre devant elles.

Quels ordres doit donner le colonel pour les cas d'alerte?

Le colonel indique un point de rassemblement en cas d'alerte; ce point est ordinairement en dehors du cantonnement; il doit offrir des issues commodes et une retraite assurée sur d'autres cantonnements; les abords en sont rendus difficiles à l'ennemi (1).

Que doit-on faire pour la sûreté de la troupe, lorsque les ordres relatifs au service, aux distributions et au départ sont donnés?

Lorsque les ordres relatifs au service, aux distributions et au départ sont donnés, l'adjudant-major forme les postes et fait conduire, par la garde de police, l'étendard au logement du colonel. Le chef d'escadrons de semaine place le piquet, auquel il est assigné une écurie particulière ou un hangar.

Le colonel, assisté du lieutenant-colonel, place lui-même les grand'gardes. Une sentinelle est quelquefois placée dans le clocher, ou sur un édifice élevé, pour annoncer, par un coup de mousqueton, l'approche de l'ennemi.

Les postes étant établis, où sont conduits les escadrons?

Les postes étant établis, les escadrons sont conduits devant leurs logements par leurs capitaines; les cavaliers couchent dans les écuries, si cela est jugé nécessaire; les trompettes lo-

(1) Cette précaution est prise également pour une brigade, une division, un corps d'armée ou une armée. Le point de rassemblement doit toujours être donné, de façon que toutes les troupes puissent l'atteindre sans risquer d'être coupées par l'ennemi. En général, il est pris un peu en arrière de la circonférence formée par les divers détachements.

C'est pour avoir méconnu ce principe, que Turenne, en 1645, fut battu à Marienthal par le comte de Mercy,

gent avec les maréchaux-des-logis-chefs, ou à portée d'eux.

Dans le cas où il ne peut être fait de distributions régulières, comment y est-il suppléé et quels soins donne-t-on aux chevaux ?

Dans le cas où il ne peut être fait de distributions régulières, les officiers font une répartition égale des ressources que présentent les maisons assignées à leur escadron; les cavaliers donnent aussitôt que possible le fourrage à leurs chevaux. Environ deux heures après l'arrivée, les escadrons font boire en ordre et successivement; au retour, ils donnent l'avoine. Quand il n'est pas permis de desseller, les chevaux sont bouchonnés à fond.

Que doit faire le colonel après un repos de quelques jours ?

Le colonel doit, après un repos de quelques jours, faire donner de fausses alertes pour habituer les cavaliers à se tenir toujours prêts; s'ils ont mis de la lenteur à se réunir, il les punit en les faisant bivouaquer.

Quand il y a, dans le même cantonnement, de l'infanterie et de la cavalerie, comment s'exerce la surveillance pour la sûreté du cantonnement ?

Quand il y a dans le même cantonnement de l'infanterie et de la cavalerie, la cavalerie est plus particulièrement chargée de veiller à la sûreté du cantonnement pendant le jour, et l'infanterie pendant la nuit.

QUINZIÈME LEÇON.

CANTONNEMENTS.

ARTICLE 47e.

Lorsque les troupes se trouvent cantonnées en présence de l'ennemi, comment sont-elles protégées ?

Lorsque les troupes cantonnées se trouvent en présence de l'ennemi, elles sont protégées par leur avant-garde et par des obstacles naturels ou artificiels.

Comment doivent être établis les cantonnements que l'on prend après une campagne ou pendant un armistice ?

Les cantonnements qu'on prend après une campagne ou pendant un armistice doivent, autant que possible, être établis en arrière d'une ligne de défense, en avant de positions sur lesquelles les troupes se concentreraient en cas d'attaque par l'ennemi (1).

Par qui sont indiqués les emplacements pour cantonner?

Les commandants d'armée tracent l'arrondissement de chaque division ; les généraux de division, celui de chaque brigade ; les généraux de brigade assignent à chacun des régiments sous leurs ordres, l'emplacement de ses bataillons ou escadrons.

Quelles doivent être les précautions à prendre par les généraux pour le cas de rapprochement de l'ennemi ou d'apparence d'attaque?

Les généraux indiquent avec le plus grand soin les positions que doit occuper chaque corps sous leur commandement, dans le cas de rapprochement de l'ennemi ou d'apparence d'attaque.

Développements.

Quelle est, dans l'histoire de France, l'époque la plus éloignée où il soit parlé de cantonnements?

Dans les guerres civiles qui s'élevèrent en France, après la mort de Henri II, l'attention des généraux était d'occuper des villages assez rapprochés pour qu'ils pussent se secourir mutuellement; mais la difficulté d'en trouver pour des armées nombreuses donnait un grand avantage à l'ennemi qui détruisait souvent plusieurs quartiers avant qu'on pût leur porter secours.

Quels sont les avantages des cantonnements?

De toutes les manières de tenir la campagne, l'établissement en cantonnements est la meilleure; les hommes et les chevaux y sont à l'abri des injures de l'air, et les ressources de toute nature qu'on y rencontre sont favorables à la santé

(1) On peut citer, comme modèles en ce genre, les cantonnements que Napoléon assigna à la grande armée française, en Pologne et sur la Passarge, dans la Prusse Orientale, à la fin de la campagne de 1806. On peut aussi regarder comme non moins judicieusement conçue la disposition des cantonnements offensifs, que le prince Eugène prit, en 1813, derrière la Saale, pour contenir les alliés jusqu'à la réorganisation et l'arrivée de l'armée française. Ces dispositions méritent d'être étudiées, et peuvent servir de leçons.

du soldat et à la conservation des chevaux ; l'établissement dans les cantonnements n'est pas toujours possible ; en général, il faut être à une certaine distance de l'ennemi et n'avoir pas à craindre une surprise.

Une troupe importante est-elle plus exposée dans un cantonnement qu'un simple détachement ?

Quelles que soient les mesures que l'on prenne pour la célérité des rassemblements en cas d'attaque, l'éloignement des villages et la difficulté des communications les rendent toujours trop lents. Aussi, un corps d'armée et même une division ne devront cantonner qu'après un succès éclatant ou pendant une suspension d'armes, ou bien encore lorsqu'ils se trouvent loin de l'ennemi en deuxième ou troisième ligne. Il n'en sera pas tout-à-fait de même d'un détachement qui pourra à la rigueur cantonner dans un village, à peu de distance de l'ennemi, parce qu'en se gardant avec soin, à la première alerte, il sera sur pied et s'échappera facilement.

QUARTIERS-GÉNÉRAUX

ARTICLE 48e.

Quel doit être l'emplacement des quartiers-généraux ?

Les officiers-généraux s'établissent au centre de leur commandement, et, autant que possible, sur les grandes communications. Lorsque les troupes bivouaquent devant l'ennemi, les généraux bivouaquent avec elles.

DES ORDRES.

ARTICLE 50e.

Par qui sont transmis les ordres ?

Les ordres verbaux sont transmis par des officiers d'état-major ou d'ordonnance ; il en est de même des ordres importants cachetés. Quand des ordres cachetés sont portés par des sous-officiers ou des soldats d'ordonnance, l'adresse doit indiquer le lieu et l'heure du départ ; le reçu doit indiquer le lieu et l'heure de l'arrivée.

OFFICIERS EN MISSION.

ARTICLE 53e.

A qui les missions particulières doivent-elles être données ?

Les missions particulières, et notamment les missions pour les corps ou détachements éloignés, doivent n'être données qu'à des officiers qui méritent toute confiance, et qu'on puisse initier au contenu de leurs dépêches.

Quelles sont les précautions à prendre par un officier envoyé en mission dans un pays occupé par des postes ennemis?

Un officier envoyé en mission, dans un pays occupé par des postes ennemis, doit être accompagné par deux cavaliers au moins, choisis parmi les hommes bien montés. Il évite les villes et les villages, préfère aux grandes routes les chemins de traverse, se repose le moins possible et seulement dans les lieux écartés. Dans les chemins qui lui paraissent dangereux, il se fait précéder par un des cavaliers. Il doit toujours être prêt à déchirer ses dépêches, à les faire disparaître ou même à les avaler. Il se prépare à faire des réponses adroites aux questions que l'ennemi peut lui adresser sur l'objet de sa mission ou sur la situation de l'armée, et ne se laisse intimider par aucune menace.

Développements.

Quelles sont les précautions à prendre en écrivant les dépêches?

Les dépêches doivent, autant que possible, être écrites en chiffres, mais cette précaution se prend assez rarement.

Quelles sont les conditions nécessaires pour réussir dans une mission ?

Pour réussir dans une mission, il faut bien connaître le pays ou avoir un bon guide, sinon s'être fait remettre par l'état-major une carte ou un croquis du terrain à parcourir; il faut encore assez connaître la langue du pays, pour prendre des informations sur la route, la situation de l'ennemi, etc., etc.

Citez l'exemple d'une mission remplie avec un grand courage et une

On vit, en 1811, un exemple mémorable d'une mission importante autant que périlleuse parfaitement remplie par un brave soldat du 6e de

5.

grande intelligence, à la campagne de 1811 (en Portugal)?

ligne, nommé Tillet, qui traversa le camp des Anglais et leurs postes devant Almeïda; après avoir surmonté avec un dévouement sublime des dangers inouïs, il parvint à entrer dans la place bloquée, où il remit au général Brenier l'ordre de l'évacuer et d'en faire sauter les fortifications; ordre qui fut exécuté avec autant de prudence que de bonheur dans la nuit du 11 au 12 mai. (*De Presle*, 412).

Pourquoi ne doit-on confier des missions importantes qu'à des officiers éprouvés ou à des hommes de choix?

Parce que, si ces missions étaient mal remplies, elles pourraient faire échouer, au moment de l'exécution, les projets les mieux conçus, ainsi que cela est arrivé quelquefois.

En janvier 1807, par exemple, les Russes attaquent inopinément les cantonnements français dans la Prusse orientale. Ney et Bernadotte attaqués se retirent. Napoléon voit jour à couper la ligne de communication de l'ennemi. Il donne ses ordres; s'ils sont suivis, les Russes sont dans la position la plus critique. Un jeune sous-lieutenant, sorti de l'Ecole de Fontainebleau et qui rejoignait son corps, est chargé de les porter au général Bernadotte. Le jeune officier, parti sans guide et sans renseignements, est enlevé par les Cosaques sans détruire sa dépêche. Benningsen voit le sort qui le menace, concentre ses troupes dispersées et se met en retraite. On lui livre la bataille d'Eylau; Bernadotte sans ordre n'y prend pas part, et le succès est incomplet.

Ne pourriez-vous pas me citer d'autres exemples pareils?

C'est encore par une dépêche interceptée, par la prise d'un officier qui se rendait à Madrid près du maréchal Soult, que le général anglais Moore, en Espagne, apprend que l'armée française marche sur lui et qu'il va être accablé. Il se retire sur-le-champ, et évite le sort qui le menace.

En 1814, la bataille de Brienne fut indécise parce que le maréchal Mortier n'y prit pas part.

La dépêche ayant été interceptée par l'ennemi, Blucher vit le danger, rappela Sacken près de lui et fut ainsi en état de nous résister.

SEIZIÈME LEÇON.

DU MOT D'ORDRE.

ARTICLE 54e.

Qu'est-ce que le mot ?

Le mot est une expression qui varie chaque jour, et qui, chaque jour aussi, est communiqué aux patrouilles, rondes, reconnaissances, découvertes, postes et détachements, comme moyen de se reconnaître entre eux et d'éviter les surprises.

Comment se compose le mot ?

Le mot se compose de deux noms : le premier, qu'on appelle le mot d'ordre, doit être le nom d'un grand homme, d'un général célèbre ou d'un brave mort au champ d'honneur ; le second, qui est appelé mot de ralliement, doit présenter le nom d'une bataille, d'une ville, ou d'une vertu civile ou guerrière (1).

Comment le mot est-il donné aux colonels, aux commandants de corps détachés ?

Lorsqu'un corps de troupe est détaché à une distance trop grande pour que la correspondance soit prompte et facile, le mot est donné à ce corps par son commandant immédiat. Il en est de même pour les places fortes occupées par l'armée, lorsque le quartier-général est éloigné de ces places.

Par qui le mot d'ordre est-il donné aux corps de troupe détachés à une trop grande distance ?

Les généraux de brigade donnent, chaque jour, le mot aux colonels et aux commandants des corps détachés, assez tôt pour qu'il puisse parvenir aux postes avant la nuit.

(1) L'usage a consacré que ces deux mots doivent commencer par la même lettre : *Romulus*, *Rome*.

COMMENT LE MOT EST DONNÉ DANS LES RÉGIMENTS ET AUX POSTES.

ARTICLE 55e.

Comment le mot est-il communiqué aux commandants des grand'-gardes et aux gardes extérieures ?

Dans les régiments, l'adjudant-major de semaine est chargé de communiquer le mot cacheté aux commandants des grand'gardes et des gardes extérieures, qui, à cet effet, lui envoient une ordonnance. Les chefs de ces gardes le transmettent verbalement aux petits postes qui sont sous leurs ordres.

Quand, comment et à qui est donné le mot dans un régiment ?

Après la retraite, le mot est donné par l'officier supérieur de semaine aux officiers de service pour la nuit, aux adjudants-majors et aux adjudants, au maréchal-des-logis de la garde de police et aux brigadiers des postes qui en dépendent.

Tous sont réunis pour cet effet sur le front de bandière ; la garde de police fournit le nombre d'hommes nécessaire pour former le cercle extérieur. Le chef d'escadrons de semaine profite de cette réunion pour faire les recommandations qu'il croit convenables, relativement au service des rondes, des patrouilles et des sentinelles pendant la nuit.

PERTE DU MOT D'ORDRE.

ARTICLE 56e.

Quelles mesures doit-on prendre en cas de perte du mot d'ordre ?

Une instruction relative à l'interversion des mots d'ordre et de ralliement de la série est donnée par le chef d'état-major général, pour le cas où cette série serait perdue ou tombée aux mains de l'ennemi. Dans ce double cas, l'officier-général rend compte sur-le-champ ; il prévient en outre les commandants des troupes ou postes voisins.

Quand le mot d'ordre se perd à un avant-poste, ou qu'une désertion

Quand le mot d'ordre se perd à un avant-poste, ou qu'une désertion donne à craindre qu'il ne soit livré à l'ennemi, le commandant s'empresse

donne à craindre qu'il ne soit livré à l'ennemi, que fait le commandant de ce poste ?

d'en donner un autre ; il avertit sur-le-champ les corps et les postes voisins, ainsi que les généraux.

TOURS DE SERVICE.

ARTICLE 58e.

Combien y a-t-il de tours de service ?

Il y a trois tours de service.

Que comprend le premier tour ?

Le premier tour comprend :

1° Les grand'gardes et autres postes extérieurs ;

2° Les gardes d'honneur ;

3° Les gardes intérieures (y compris celles des magasins, hôpitaux et autres établissements) ;

4° Le service d'ordonnances ;

5° La garde de police.

Que comprend le second tour ?

Le second tour comprend :

1° Les travaux de guerre, tels que les ouvrages de campagne et les ouvertures de communications ;

2° Les détachements nécessaires à la protection de ces travaux ;

3° Les détachements chargés de protéger les différentes corvées.

Que comprend le troisième tour ?

Le troisième tour comprend :

1° Les corvées non armées, au-dedans et au dehors du camp ;

2° Les détachements qui assistent aux exécutions.

Comment marchent les officiers, sous-officiers et soldats commandés pour les différents services du premier tour ?

Les officiers, sous-officiers et soldats commandés pour les différents services du premier tour, y marchent dans l'ordre déterminé ci-dessus ; ainsi, les premiers à marcher sont employés aux grand'gardes ; ceux qui les suivent, aux gardes d'honneur ; les derniers à marcher sont placés à la garde de police.

Quelle règle observe-t-on pour les deuxième et troisième tours ?

La même règle s'observe pour le second tour de service ; les premiers à marcher sont chargés de protéger les travaux ; les travailleurs viennent ensuite ; les derniers à marcher sont employés à protéger les corvées.

Dans le troisième tour, les premiers à marcher font les corvées hors du camp, les autres, les corvées dans le camp.

Lorsque plusieurs officiers du même grade sont commandés pour le troisième tour, le plus ancien commande la corvée la plus nombreuse.

ARTICLE 59e.

Dans quel ordre le service est-il commandé?

ORDRE DANS LEQUEL LE SERVICE EST COMMANDÉ.

Les officiers sont commandés, pour les trois tours de service, par rang d'ancienneté.

Les capitaines roulent entre eux ; ils sont exempts de corvées autres que celles des distributions. Les lieutenants et les sous-lieutenants roulent ensemble en alternant ; le plus ancien lieutenant est le premier à marcher, le plus ancien sous-lieutenant est le second, et ainsi de suite.

Les maréchaux-de-logis, brigadiers, soldats et trompettes sont commandés, pour les trois tours de service, d'après les règles établies dans les ordonnances sur le service intérieur et sur le service des places.

Dans la cavalerie, les chevaux sont chargés pour tout service à cheval.

ARTICLE 60e.

Lorsqu'un officier commandé pour un service quelconque est absent, par qui est-il remplacé?

OFFICIER ABSENT OU MALADE.

Lorsqu'un officier commandé pour un service quelconque est hors d'état de faire ce service, ou ne se trouve pas au camp au moment de marcher, il est remplacé par le premier à marcher après lui. Dès que la garde a dépassé l'enceinte du camp, ou, si c'est une garde intérieure, dès qu'elle est arrivée à son poste, l'officier qui aurait dû marcher ne peut plus en prendre le commandement ni en faire partie ; il prend le tour de l'officier qui a marché pour lui.

Lorsqu'un officier se trouve par maladie dans l'impossibilité de faire le service pour lequel il est commandé, son tour est réputé passé.

Ces dispositions s'appliquent également aux sous-officiers et soldats.

SERVICE CENSÉ FAIT.

ARTICLE 61e.

Quand les différents services sont-ils censés faits?

Les services du premier et du deuxième tour sont censés faits, lorsque les gardes ou détachements ont dépassé l'enceinte du camp ou cantonnement, et, s'il s'agit d'une garde intérieure, lorsque cette garde est arrivée à son poste.

Les corvées sont censées faites lorsque les détachements qui en sont chargés ont dépassé l'enceinte du camp ou du cantonnement ; et, s'il s'agit d'une corvée dans le camp, lorsque cette corvée a commencé.

TOURS DE SERVICE A REPRENDRE.

ARTICLE 62e.

Comment se reprennent les tours de service?

Tout officier, sous-officier ou soldat marchant ou premier à marcher pour un service du premier tour, reprend les services de deuxième et de troisième tour qui lui sont échus pendant ce temps, à moins qu'il n'ait marché pour un détachement de plus de vingt-quatre heures.

SERVICE A PIED DANS LA CAVALERIE.

ARTICLE 63e.

Quels sont les cavaliers commandés de préférence pour le service à pied?

Dans les troupes à cheval, les cavaliers démontés, ou dont les chevaux ne sont pas disponibles, sont commandés de préférence pour le service à pied. Les cavaliers montés et dans les rangs ne sont employés à ce service que dans le cas où les premiers ne se trouvent pas en nombre suffisant.

Que fait tout cavalier ou brigadier commandé pour un service à pied avant de partir?

Tout brigadier ou cavalier commandé pour le service à pied dépose, avant de partir, et en présence du maréchal-des-logis de semaine, ou, à défaut de celui-ci, en présence du maréchal-des-logis de peloton, ses effets de harnachement et son porte-manteau, prêts à être chargés. Le maréchal-des-logis veille à ce qu'en cas d'alerte, les chevaux des cavaliers de service à pied soient conduits au lieu indiqué.

DIX-SEPTIÈME LEÇON.

DE LA GARDE DE POLICE.

COMPOSITION DE LA GARDE DE POLICE.

ARTICLE 68e.

Quelle est la composition de la garde de police pour un régiment de cavalerie?

Il est commandé tous les jours, dans chaque régiment, une garde de police composée de deux maréchaux-des-logis, trois brigadiers, deux trompettes et d'un nombre de cavaliers jugé nécessaire; elle est commandée par un lieutenant ou sous-lieutenant, elle est aux ordres de l'adjudant-major de semaine; si le colonel juge convenable, à raison de son importance, de la faire commander par un capitaine, ce capitaine est sous les ordres immédiats de l'officier supérieur de semaine. L'adjudant-major reste chargé des appels et des pansages.

Comment est formé le poste avancé?

Un maréchal-des-logis, un brigadier, douze cavaliers et un trompette, sont détachés de la garde de police, pour former le poste avancé. Une partie des cavaliers de la garde de police est successivement envoyée panser les chevaux.

Quels sont les hommes employés de préférence à la garde de police et au poste avancé?

Les hommes non montés sont employés de préférence à la garde de police; le poste avancé est toujours composé d'hommes montés.

ARTICLE 69e.

Qu'est-il commandé dans chaque escadron pour surveiller les gardes d'écurie?

GARDES D'ÉCURIE.

Dans chaque escadron, il est commandé un brigadier pour surveiller les gardes d'écurie ; son service commence à la retraite et finit au déjeûner des chevaux. Les gardes d'écurie sont commandés en nombre suffisant pour se relever de deux heures en deux heures. Le brigadier les appelle successivement dans leurs baraques. A la retraite, il fait barrer avec des cordes les rues du camp, pour arrêter les chevaux lâchés.

ARTICLE 70e.

Quels sont les devoirs du commandant de la garde de police?

DEVOIRS DU COMMANDANT DE LA GARDE DE POLICE.

Le commandant de la garde de police est responsable du maintien de l'ordre et de la propreté dans le camp. Il fait faire par le trompette de garde les signaux nécessaires ; en l'absence de l'adjudant-major de semaine, il porte et donne au colonel le billet général d'appel du soir ; il en fait rendre compte verbalement par l'adjudant de semaine au lieutenant-colonel et au chef d'escadrons de semaine.

Quels sont les honneurs à rendre par la garde de police et le poste avancé?

La garde de police et le poste avancé rendent les mêmes honneurs que les autres gardes ; elles prennent les armes, lorsqu'une troupe armée s'approche.

ARTICLE 71e.

Quelles sont les consignes particulières des sentinelles de la garde de police?

SENTINELLES, LEURS CONSIGNES.

Outre les consignes générales, les sentinelles de la garde de police ont pour consignes particulières : celles de l'étendard, de n'en permettre le déplacement qu'en présence d'un détachement ; de n'y laisser toucher que le porte-étendard, l'adjudant ou le maréchal-des-logis de la garde de police, lorsqu'il se présente avec deux hommes armés ; d'avertir le chef de corps, le jour comme la nuit, de tout mouvement extraordinaire dans le camp ou hors du camp.

A quoi veillent les sentinelles placées sur le front, sur les flancs ou en arrière du camp?

Ces sentinelles veillent à ce qu'aucun soldat ne sorte du camp avec un cheval ou un fusil, sans être conduit par un sous-officier ou brigadier; elles empêchent les sous-officiers et soldats de sortir pendant la nuit, si ce n'est pour aller aux latrines; elles arrêtent de jour les individus suspects qui rôdent autour du camp, et, la nuit, quiconque cherche à s'y introduire, même les soldats des autres corps.

Où sont conduits les individus arrêtés?

Les individus arrêtés sont conduits au commandant de la garde de police, qui les interroge et les envoie, s'il y a lieu, à l'adjudant-major ou à l'officier supérieur de semaine.

DÉTAILS DE POLICE.

ARTICLE 72e.

A la retraite, que fait le commandant de la garde de police?

Il fait faire l'appel de la garde de police, et passer l'inspection des armes, afin de s'assurer qu'elles sont chargées et en bon état. Le lieutenant se rend, pour le même objet, au poste avancé.

Que fait le maréchal-des-logis de garde à l'appel du soir?

Le maréchal-des-logis, à l'appel du soir, passe chez les cantiniers, en fait sortir les sous-officiers et soldats qu'il y trouve, et exige que les feux des cuisines soient éteints.

Où sont conduits les hommes trouvés chez les cantiniers après l'appel du soir?

Ils sont conduits, ainsi que les cantiniers, au poste avancé de la garde de police; ces derniers sont sévèrement punis.

Au réveil, que fait la garde de police?

Au réveil, la garde de police prend les armes; le commandant de cette garde en passe l'inspection; le lieutenant inspecte le poste avancé. Le commandant établit son rapport, où il comprend celui du poste avancé, et l'envoie au chef d'escadrons de semaine.

SERVICE DU POSTE AVANCÉ DE LA GARDE DE POLICE.

ARTICLE 73e.

Sous quels ordres est placé le poste avancé de la garde de police et combien fournît-il de sentinelles?

Le poste avancé de la garde de police est sous les ordres du chef de cette garde. Il fournit trois sentinelles : deux devant le front du régiment et la troisième devant les armes. Il ne fournit pas pour la nuit de sentinelles d'augmentation.

Les hommes du poste avancé peuvent-ils s'absenter?

Les hommes qui composent ce poste ne peuvent s'absenter sous aucun prétexte; la soupe leur est portée au poste.

Comment établit-on les sentinelles et quelle est leur consigne?

Les sentinelles sont établies de manière à pouvoir découvrir, en avant d'elles, à la plus grande distance possible. Leur consigne est de ne laisser dépasser la ligne par aucun sous-officier ou soldat, d'avertir le commandant du poste de la marche de toute troupe qui se dirige sur le camp, et d'arrêter les personnes suspectes qui cherchent à y entrer; le maréchal-des-logis fait conduire ces personnes au commandant de la garde de police; il fait prévenir cet officier sur-le-champ, lorsqu'une troupe armée s'approche.

Quelle est la consigne de la sentinelle placée devant les armes relativement aux prisonniers?

La sentinelle placée devant les armes surveille les prisonniers et ne les perd pas de vue; elle ne les laisse aller aux latrines qu'individuellement et sous l'escorte d'un soldat en armes.

A la retraite, que doit faire le poste avancé?

A la retraite, le poste avancé prend les armes; si l'ordre en a été donné, le brigadier place sur le front du régiment deux sentinelles d'augmentation.

Quelles sont les mesures à prendre, si, pendant la nuit, le service exige que quelqu'un dépasse les sentinelles?

Si, pendant la nuit, le service exige que quelqu'un dépasse les sentinelles, le capitaine de police le fait conduire sous escorte, près du maréchal-des-logis du poste avancé, qui le fait accompagner par un brigadier, jusqu'en dehors de la ligne.

Au réveil, que fait le poste avancé?

Au réveil, le poste avancé prend les armes; le brigadier retire les sentinelles d'augmentation.

Le maréchal-des-logis fait son rapport au lieutenant de la garde de police, lorsque celui-ci vient inspecter le poste.

PETITS POSTES DÉTACHÉS.

ARTICLE 74e.

Sous quelle surveillance sont placés les petits postes jugés nécessaires pour couvrir le camp pendant la nuit?

Lorsqu'il est nécessaire de faire couvrir, pendant la nuit, le camp par des petits postes, pour former une double enceinte de sentinelles, ces postes sont sous la surveillance du capitaine de la garde de police, qui lie leur service avec celui du camp, et les fait visiter par ses rondes et ses patrouilles.

CAS DE MARCHE.

ARTICLE 75e.

En cas de marche, que doit faire le commandant de la garde de police?

Dans la cavalerie, à la sonnerie du boute-charge, le commandant de la garde de police envoie, l'une après l'autre, chaque moitié de cette garde seller et charger; quand le régiment est réuni, chaque cavalier rentre à son escadron.

Lorsque la garde de police marche avec le campement, où se place-t-elle en arrivant au camp?

Elle se place à 30 pas en avant du centre du terrain marqué pour le régiment; le lieutenant de cette garde fournit les postes et les sentinelles que lui demande l'officier qui conduit le campement; le poste avancé prend de suite sa position.

DIX-HUITIÈME LEÇON.

DU PIQUET.

DESTINATION DU PIQUET.

ARTICLE 77e.

Comment est formé le piquet et à quel service est-il destiné?

Le piquet se forme habituellement de la réunion des officiers, sous-officiers et soldats qui doivent marcher le lendemain pour le service du premier tour ; il est destiné à fournir les détachements et les gardes qui peuvent être commandés extraordinairement pendant les vingt-quatre heures. Il est commandé chaque jour à la suite des hommes de garde.

Pour quel tour de service le piquet est-il compté ?

On compte le service du piquet comme service du premier tour à ceux qui ont marché pour un détachement ou pour une garde, ou qui ont passé la nuit au bivouac.

Dans quelle tenue les hommes et les chevaux composant le piquet sont-ils toujours ?

Les officiers, sous-officiers et soldats du piquet sont toujours habillés et équipés ; les chevaux sont sellés, les porte-manteaux sont prêts à être chargés.

Dans quel cas remplace-t-on les officiers, sous-officiers et soldats qui ont marché ?

Les officiers, sous-officiers et soldats du piquet qui marchent avant la retraite sont remplacés ; ceux qui marchent après ne le sont pas, à moins d'un ordre spécial.

ARTICLE 78e.

COMPOSITION DU PIQUET.

Quelle est la force du piquet d'un régiment de cavalerie ?

Le piquet d'un régiment de cavalerie est de dix cavaliers par escadron ; il est commandé par un capitaine, qui a sous ses ordres deux lieutenants ou sous-lieutenants, quatre maréchaux-des-logis, huit brigadiers et deux trompettes.

Lorsque le régiment est divisé ou qu'un escadron est détaché, que fait-on ?

Lorsque le régiment est divisé, chaque fraction fournit un piquet proportionné au service qu'elle doit faire. Dans un escadron détaché, le piquet est commandé par un lieutenant ou par un sous-lieutenant.

ARTICLE 79e.

RÉUNION DU PIQUET.

Par qui et comment est réuni le piquet ?

Le piquet est réuni par l'adjudant de semaine, en même temps que les gardes. Il est placé à 12 pas en arrière de celles-ci, et partagé en deux ou trois pelotons ; il ne défile pas.

Dans quel cas le piquet prend-il les armes ?

Hors le cas de détachement ou de garde à fournir, le piquet ne prend les armes que lorsque les généraux, le colonel ou l'officier supérieur de semaine veulent en passer l'inspection ; il se forme à la gauche de la garde de police.

Quelle surveillance particulière exerce l'officier supérieur de semaine à l'égard du piquet ?

Le chef d'escadrons de semaine fait faire pendant le jour plusieurs appels du piquet. Pour le rassembler, les trompettes sonnent deux appels consécutifs. Les appels et les inspections du piquet ont lieu à pied.

Quel est l'objet de la réunion du piquet à l'heure de la retraite ?

A la retraite, le piquet se réunit ; le capitaine en fait faire l'appel et passe l'inspection des armes. Les officiers, les sous-officiers et les soldats couchent dans leurs baraques, mais sans se déshabiller.

Quand le piquet s'assemble pendant la nuit, quelles précautions emploie-t-on pour le réunir ?

Quand le piquet s'assemble pendant la nuit, ce qui n'a lieu qu'en cas d'alerte, ou bien lorsqu'il doit marcher en totalité ou en partie, l'adjudant-major et l'adjudant de semaine préviennent les officiers ; ceux-ci éveillent les sous-officiers sans bruit ni sonnerie de trompette ; les sous-officiers éveillent les soldats. A cet effet, les uns et les autres reconnaissent à l'avance les baraques occupées par ceux qu'ils sont chargés d'avertir. La nuit, le piquet se réunit à cheval.

Lorsqu'on prend les armes, que font les piquets ?

Les piquets rentrent dans les escadrons, toutes les fois que les régiments prennent les armes pour une revue, des manœuvres, des marches ou des actions de guerre.

PIQUET AU BIVOUAC.

ARTICLE 80e.

Quand le piquet doit bivouaquer, que fait-on ?

Quand le piquet doit bivouaquer, le colonel détermine l'emplacement ; les chevaux sont sellés et chargés ; on ne les réunit que dans le cas où le bivouac est trop éloigné du camp ou trop proche de l'ennemi.

Développements.

AVANT-POSTES.

Qu'entendez-vous par *avant-postes*, *système d'avant-postes* et *zône d'avant-postes?*

On entend par *avant-postes*, tous les détachements tirés du corps principal pour le couvrir, observer les mouvements de l'ennemi, et qui, à cet effet, occupent une position déterminée et la plus favorable pour bien voir. On entend par *système d'avant-postes*, les grand'gardes, petits postes, sentinelles et védettes, etc., chargés de concourir à l'exécution de ce service. On entend par *zône des avant-postes*, le terrain que ces troupes occupent.

DES GRAND'GARDES ET AUTRES POSTES EXTÉRIEURS.

ARTICLE 81e.

Qu'entendez-vous par grand'gardes?

Les grand'gardes sont les postes avancés d'un camp ou d'un cantonnement; elles doivent en couvrir les approches.

Par qui sont réglés le nombre, la force et le placement des grand'gardes?

Le nombre, la force et le placement des grand'gardes sont réglés par le général de brigade, et, dans un corps isolé, par l'officier qui commande ce corps. Autant qu'il se peut, les grand'gardes de cavalerie sont combinées avec les grand'gardes d'infanterie: celles-ci servant d'appui, les autres de sentinelles avancées. Quand la nature de la guerre et du pays le permet, ou que l'affaiblissement de la cavalerie l'exige, on peut se borner à attacher des cavaliers aux grand'gardes d'infanterie, soit pour les faire concourir au service, soit pour avoir plus promptement des nouvelles de l'ennemi.

Par qui est commandée la grand'garde pour un régiment de cavalerie?

La grand'garde pour un régiment de cavalerie, et même pour deux escadrons, est habituellement commandée par un capitaine; elle est composée d'un nombre d'officiers, de sous-officiers, de brigadiers et cavaliers, fixé en raison de son objet, de la force du corps qui la fournit, et aussi du principe que quatre hommes sont nécessaires pour entretenir, sans trop de fatigue, une sentinelle.

Qui peut autoriser à diminuer ou augmenter le nombre et la force des grand'gardes, même après qu'elles ont été établies?

Une connaissance plus approfondie du terrain, une appréciation plus exacte du nombre et de l'espèce des troupes opposées, de nouvelles données sur les projets de l'ennemi, enfin des considérations puisées dans la disposition d'esprit des habitants, peuvent autoriser à diminuer ou augmenter le nombre et la force des grand'gardes, même après qu'elles ont été établies.

SURVEILLANCE DU SERVICE DES GRAND'GARDES.

ARTICLE 82ᵉ.

Quelle doit être la surveillance à exercer sur le service des grand'gardes?

Indépendamment de la surveillance active exercée sur les grand'gardes par les officiers-généraux commandants de division et de brigade et par tout commandant de corps détaché, leur placement et la direction de leur service sont spécialement confiés, dans chaque régiment, au colonel et au lieutenant-colonel, et, en l'absence de ce dernier, à un des chefs d'escadrons, secondé, quand il en est besoin, par les adjudants-majors.

Dans un escadron isolé, et dans un détachement, les grand'gardes sont placées et dirigées par l'officier commandant le corps et par l'adjudant-major, ou, à défaut d'adjudant-major, par l'officier qui en remplit les fonctions.

Les grand'gardes sont-elles quelquefois commandées par un officier-supérieur?

Un des officiers supérieurs de la brigade est désigné pour prendre le commandement des grand'gardes, lorsque le nombre, le concours et le mélange de différentes armes le font juger nécessaire; il s'établit au poste indiqué par le général.

DIX-NEUVIÈME LEÇON.

RÉUNION ET DÉPART DES GRAND'-GARDES.

ARTICLE 83e.

Quand les grand'gardes prennent-elles le service ?

Les grand'gardes montent habituellement avec les autres gardes ; cependant le général de brigade ou tout commandant de corps détaché peut, lorsqu'il croit indispensable de doubler les postes pendant les premières heures, les faire monter à la pointe du jour ; alors elles s'assemblent et partent sans bruit, elles se font éclairer et fouillent le pays pendant leur marche ; elles observent les mêmes précautions, le jour, lors de leur premier établissement, ou quand d'autres circonstances l'exigent. Mais cette mesure de doubler les gardes affaiblissant les corps et fatiguant le soldat, on ne doit y recourir que très-rarement, et jamais quand on se prépare à marcher ou à combattre.

Par qui les grand'gardes sont-elles conduites pour la première fois à leur destination ?

Les grand'gardes sont conduites, la première fois, à leur destination, par le colonel ou le lieutenant-colonel, et par les adjudants-majors qui ont accompagné le général dans la reconnaissance du terrain, si le lieutenant-colonel n'a pu lui-même remplir cet important devoir.

Que doit faire le commandant d'une grand'garde une fois le poste établi ?

Le poste une fois établi, le commandant d'une grand'garde envoie à l'adjudant-major de semaine, autant de fois qu'il en est besoin, un homme de cette garde, pour servir de guide à celle qui doit la relever.

Dans quel cas le commandant d'un poste se laisse-t-il ou ne se laisse-t-il pas relever ?

Le commandant d'un poste ne peut refuser de se laisser relever par une garde plus faible, ou dont le chef est d'un grade inférieur au sien ; mais il ne se laisse pas relever par une garde qui n'est pas du régiment ou de la brigade, si elle ne lui a pas été annoncée, ou si elle n'a un ordre écrit; si cette troupe lui est tout-à-fait inconnue, il ne la laisse pas approcher, qu'il n'en ait reçu l'ordre de son chef direct.

Développements.

Comment est-il pourvu à la subsistance des hommes et des chevaux composant la grand'garde?

Les détachements qui forment les avant-postes doivent avoir reçu des vivres de leurs corps avant de les quitter. Cette mesure devrait toujours avoir lieu; mais quelquefois aussi les circonstances s'y opposent, et le commandant d'une grand'garde peut être dans la nécessité de faire fourrager; il ne le fait qu'en prenant les précautions indiquées pour aller à l'abreuvoir, et, s'il y a possibilité, il se fait apporter des vivres et des fourrages par les habitants.

ARTICLE 84ᵉ.

PLACEMENT DES GRAND'GARDES.

En quels lieux sont établies les grand'gardes?

S'il n'y a pas de débouché qu'il faille principalement observer ou défendre, les grand'gardes sont établies, autant que les circonstances et les localités le permettent, au centre du terrain qu'elles doivent observer, dans quelqu'endroit couvert, élevé même s'il est possible, afin que l'ennemi ne puisse pas juger de leur force, et cependant soit aperçu de loin. On évite de les adosser à un bois, dans la crainte qu'elles ne soient enlevées.

Quand les grand'gardes ont été placées de jour très-près ou en vue de l'ennemi, quels postes leur assigne-t-on pendant la nuit?

Quand les grand'gardes ont été placées de jour, très-près ou en vue de l'ennemi, il leur est assigné, pour la nuit, un poste plus en arrière; elles en prennent possession à la chute du jour.

Que doit-on faire encore dans les pays fourrés, coupés ou montagneux?

On doit encore les rapprocher des bivouacs, des camps ou des cantonnements, dans les pays fourrés, coupés ou montagneux, surtout quand l'ennemi est favorisé par les habitants. Si on juge à propos de les tenir éloignées, on établit des postes intermédiaires.

Par quels corps doivent être fournis les corps intermédiaires, de soutien ou d'observation, qu'exigerait l'éloignement des grand'gardes ou tout autre motif?

Les grand'gardes étant principalement destinées à surveiller l'ennemi en avant de leur front, et leur liaison entre elles (que la ligne soit droite ou déviée) devant protéger leurs flancs respectifs, c'est au corps principal à fournir les postes intermédiaires, de soutien ou d'observation, qu'exigerait leur éloignement de ce corps, le débouché de vallées ou de bois sur leurs communications, enfin les ponts ou défilés qu'elles auraient à franchir en cas de retraite.

Les grand'gardes doivent-elles être retranchées?

Les grand'gardes sont rarement retranchées et ne peuvent l'être que sur l'ordre du général; seulement, celles qui sont dans une plaine et exposées aux attaques de la cavalerie, peuvent se barricader, creuser un fossé en forme circulaire ou se couvrir par des abattis.

Développements.

Où les grand'gardes doivent-elles être placées de préférence pour conserver la liberté de leurs mouvements?

Une grand'garde se place, s'il est possible, à un carrefour; elle se donne ainsi plus d'aisance dans les mouvements qu'elle sera dans le cas de faire; ses petits postes poursuivis peuvent se réunir à elle plus facilement; sa retraite doit être assurée, rien ne doit la gêner pour l'exécuter. Un terrain favorable à beaucoup d'égards, peut cependant offrir des difficultés pour la liberté des mouvements. Un officier ne doit pas hésiter alors: il envoie prendre dans les maisons voisines quelques outils tranchants ou propres à creuser la terre; il fait couper les haies, combler les fossés, ou abattre le pan de mur qui le gêne. (*De Presle*, 418).

Une grand'garde doit-elle être établie sur la route?

Il est imprudent de s'établir sur une route même; mais c'est sur un des côtés qu'il faut placer une grand'garde, elle y sera beaucoup plus en sûreté; car, si tout-à-coup l'ennemi se présente, surtout de nuit, et veut l'enlever, elle le prendra en flanc et aura tout l'avantage sur lui. (*De Presle*, 419).

Quelles sont les principales précautions à prendre dans le placement des grand'gardes?

Il ne faut jamais les placer vis-à-vis d'obstacles assez rapprochés pour couvrir une surprise, en sorte que, si on a devant soi un village, un bois, des champs couverts de hautes récoltes, il est prudent de s'en tenir à une assez grande distance, quand on ne peut poser, au-delà, des védettes ou des sentinelles ; il ne faut donc occuper un pareil poste que quand on y est obligé; il faut alors redoubler de vigilance; car, quelque bien qu'on se garde, dans un pareil poste, on y sera toujours fort exposé, les védettes rapprochées des obstacles pouvant être assaillies. (*De Presle*, 417).

L'armée française n'eût-elle pas à regretter d'avoir pris une pareille position en Espagne, en septembre 1813 ?

La division Maucune occupait la chaîne de montagnes qui borde la rive droite de la Bidassoa entre la montagne de Louis XIV et la mer; l'ennemi occupait la rive gauche. On prenait les armes dans toute l'armée française à quatre heures du matin, et l'on ne rompait les rangs que lorsque toutes les découvertes étaient rentrées. La division Maucune était restée sous les armes jusqu'à neuf heures et ne pouvait envoyer à la découverte, puisque la rivière était devant elle. Les Espagnols étaient descendus de la montagne St-Martial pendant la nuit, et s'étaient embusqués derrière des murs et des champs de maïs qui se trouvaient sur les bords de la Bidassoa, presque en face de Béhobie.

Dès qu'ils virent que la division Maucune était rentrée dans ses baraques et avait envoyé aux distributions à Urrugne, les Espagnols, sous la conduite du général Freyre, se jetèrent dans la Bidassoa, que la basse mer rendait guéable, et la passèrent en force, secondés par les Anglais qui la passaient également en face d'Hendaye, où un poste de 30 hommes seulement pouvait les arrêter. Nous fûmes surpris, un combat très-inégal s'engagea : 15,000 alliés combattaient contre 5,000 Français, et les repoussèrent jusqu'à Urrugne.

VINGTIÈME LEÇON.

PETITS POSTES.

ARTICLE 85e.

Quel est le premier soin du commandant d'une grand'garde ?

Le premier soin du commandant d'une grand'garde, ainsi que des officiers-généraux, colonels et lieutenants-colonels, est, dès qu'elle est placée, d'avoir des nouvelles de l'ennemi, puis de reconnaître sa position, les chemins, les débouchés, les défilés, les ponts et les gués par lesquels il peut arriver et ceux par où il est possible d'aller à lui.

D'après quelles considérations détermine-t-on la force des petits postes ?

On détermine, d'après ces reconnaissances, la force des postes avancés ou *petits postes*, leur placement et celui des sentinelles de jour et de nuit.

Par qui sont commandés les petits postes, et quand sont-ils relevés ?

Les petits postes sont commandés, selon leur dégré d'importance, par des officiers, des sous-officiers, des brigadiers ; ils peuvent, suivant les circonstances, être relevés toutes les quatre heures ou toutes les huit heures.

Quelles instructions le commandant de la grand'garde donne-t-il aux chefs des petits postes ?

Le commandant de la grand'garde donne aux chefs des petits postes des instructions détaillées sur le service et la surveillance qu'exige leur position, et sur les dispositions qu'ils auraient à prendre pour la défense et la retraite. Les officiers-généraux et supérieurs en usent de même à l'égard des grand'gardes.

Le commandant de la grand'garde peut-il changer la position des petits postes ?

Le commandant de la grand'garde peut changer la position des petits postes, si cette mesure lui paraît urgente.

Lorsque les petits postes doivent pour la nuit changer leur position, quand le font-ils?

Lorsque les petits postes doivent, pour la nuit, changer leur position, ils ne quittent leur emplacement de jour pour prendre celui de nuit que quand la grand'garde a pris le sien, et que l'obscurité empêche d'apercevoir leur mouvement; ils se retirent alors sans bruit et avec célérité, sous la direction d'un officier.

Dans les corps détachés, quelle est en outre la composition et l'objet de certains petits postes?

Dans les corps détachés, des petits postes, composés d'hommes intelligents, sont, en outre, à la nuit, poussés au loin sur les chemins par lesquels l'ennemi peut arriver, pour attaquer la position, pour la tourner ou pour couper la retraite.

Où sont placés ces petits postes?

Ils sont placés de préférence sur l'embranchement de ces chemins; ils restent sans feu, se tiennent cachés, et changent fréquemment de position; ils ne sont pas liés entre eux.

Comment ces postes annoncent-ils l'arrivée de l'ennemi?

Ces postes annoncent l'approche de l'ennemi au moyen de signaux dont ils sont pourvus, ou, à défaut, au moyen d'indices dont il a été convenu; ils se retirent sur des points qui leur ont été indiqués, et par des chemins qu'ils ont reconnus à l'avance. Au jour, ils rentrent à la grand'garde.

Développements.

A quelle distance les petits postes ou postes intermédiaires se placent-ils de la grand'garde qui les fournit?

Les petits postes ou postes intermédiaires se placent à 400 ou 500 mètres de la grand'garde qui les fournit.

D'après quelle base se calcule la force des petits postes?

Leur force dépend du nombre de leurs védettes; elle est de quatre hommes pour une seule; on peut ne mettre que six hommes, s'il y a deux védettes.

Pourquoi est-il nécessaire de relever très-fréquemment les petits postes?

C'est afin de donner à leurs chevaux le temps de manger, chose qu'ils ne peuvent faire avant d'être de retour à la grand'garde, puisqu'ils doivent rester bridés, et même montés s'il y a du danger. (*De Presle*, 419).

Quelles sont les précautions à prendre en relevant les petits postes ?

On ne fait pas de suite rentrer à la grand'garde les petits postes relevés, on leur fait faire d'abord une patrouille, car plus on parcourra le cordon, plus on sera en sûreté.

MOT D'ORDRE DANS LES GRAND'GARDES.

ARTICLE 86e.

Comment le commandant d'une grand'garde envoie-t-il chercher le mot d'ordre ?

Tous les soirs, le commandant d'une grand'-garde envoie un brigadier ou un ancien soldat à l'adjudant-major de semaine, pour recevoir le billet contenant les mots d'ordre et de ralliement ; il les fait passer aux petits postes avant la nuit.

En cas de perte du mot d'ordre, que fait le commandant d'une grand'garde ?

Si le mot est égaré ou retardé, ou s'il a été surpris par l'ennemi, le commandant de la grand'-garde s'empresse d'en donner un autre qu'il fait immédiatement connaître aux corps et aux postes voisins, ainsi qu'aux officiers-généraux.

CONSIGNES.

ARTICLE 87e.

Quelles consignes ont les grand'gardes ?

Les grand'gardes ont des consignes relatives aux motifs particuliers pour lesquels elles ont été placées ; mais elles ont en tout temps une consigne qui leur est commune.

En quoi consiste la consigne commune aux grand'gardes ?

A informer les postes voisins, le régiment et le général, de la marche et des mouvements de l'ennemi, ainsi que des attaques qu'elles ont à craindre ou qu'elles sont occupées à soutenir ; à examiner les personnes passant près d'elles, et particulièrement celles qui viennent du dehors ; à arrêter les individus qui n'ont pas de passeport d'un général connu, et les soldats, cantiniers ou domestiques qui cherchent à dépasser les avant-postes ; enfin à faire conduire devant le général, à moins qu'elles n'aient reçu l'ordre exprès d'en agir autrement, les paysans qui se présentent au camp, même pour y apporter des vivres.

Quel est le devoir de toute garde extérieure, la nuit?

Toute garde extérieure prend les armes, la nuit, pour les patrouilles, les rondes et tout ce qui approche d'elle ; il est donné à la sentinelle devant les armes la consigne nécessaire à cet effet.

Dans quel cas les postes avancés prennent-ils les armes pour rendre les honneurs, ou pour être inspectés?

Les postes avancés ne prennent les armes pour rendre les honneurs ou pour être inspectés, que lorsqu'ils ne risquent pas d'être aperçus par l'ennemi.

De qui les grand'gardes reçoivent-elles des consignes?

Les grand'gardes reçoivent des consignes des officiers-généraux et du chef d'état-major de la division ; du colonel, du lieutenant-colonel et de l'officier supérieur de semaine de leur régiment.

A qui les commandants des grand'gardes doivent-ils communication de ces consignes?

Les commandants des grand'gardes doivent communication de ces consignes aux officiers de l'état-major de l'armée ou de la division ; ils doivent la même communication aux adjudants-mojors de leur corps qui la leur demandent. Ils fournissent en outre à ces officiers tous les autres renseignements qu'ils peuvent être à même de donner.

Développements.

Quelle est la responsabilité du commandant de la grand'garde?

La responsabilité de cet officier est tout ce qu'il y a de plus grave, puisque la sûreté du camp, cantonnement ou bivouac, dépend de sa vigilance. En conséquence, il ne doit dormir ni de jour ni de nuit ; il visite constamment ses postes et ses védettes, leur parle souvent, stimule leur zèle et relève leur moral. Il mêle adroitement la fermeté à la bonté. Dans les temps de brouillards, les nuits obscures et pluvieuses, il redouble de précautions. Sa plus grande faute serait de se laisser surprendre. Un décret impérial de 1811, traduisait devant les tribunaux militaires, tout officier qui s'était rendu coupable de cette faute, et attachait à la condamnation la peine de mort et le déshonneur.

VINGT-ET-UNIÈME LEÇON.

SENTINELLES ET VÉDETTES.

Combien y a-t-il d'espèces de sentinelles ou védettes?

Les védettes et les sentinelles peuvent être *simples, doubles, volantes* et de *communication.*

ARTICLE 88e.

Quel est l'objet principal des sentinelles et védettes, comment les place-t-on?

Les sentinelles et védettes ayant pour objet principal d'observer l'ennemi et d'avertir de ses mouvements, on les place, sans toutefois interrompre la chaîne qui les lie entre elles et avec leurs postes, sur des points d'où elles puissent découvrir au loin.

Comment sont-elles dérobées à la vue de l'ennemi?

Elles sont, autant que possible, dérobées à la vue de l'ennemi par un mur, un arbre, une éminence ou un pli de terrain, dont elles ne dépassent le plan que de la tête. L'avantage d'observer et de ne pouvoir être vu ne doit cependant pas être sacrifié à celui d'apercevoir plus au loin.

Que faut-il éviter en plaçant les sentinelles?

Il faut éviter de placer les sentinelles trop près de quelque lieu couvert où l'ennemi puisse se glisser pour les surprendre.

Quelle doit être l'attitude d'une sentinelle et d'une védette?

Une sentinelle doit toujours être prête à faire feu; les védettes ont le mousqueton haut ou le pistolet à la main; cependant, pour ne pas s'exposer à donner une fausse alerte, une sentinelle ou une védette, ne tire que quand elle aperçoit très-distinctement l'ennemi. Elle doit, *alors même que toute défense de sa part serait inutile* (1), tirer vivement pour avertir : le salut du poste peut en dépendre. Toute sentinelle fait feu sur quiconque passe à l'ennemi.

Si l'on est obligé de placer une sentinelle à une distance telle qu'elle ne puisse communiquer, que fait le chef du poste?

Si l'on est obligé de placer une sentinelle à une distance telle qu'elle ne puisse communiquer, le chef du poste détache pour la fournir un brigadier et quatre hommes; dans ce cas aussi, les sentinelles peuvent être doublées, afin que l'une vienne prévenir pendant que l'autre reste en observation.

Comment peut-on suppléer pendant le jour à cette disposition?

On peut encore suppléer, pendant le jour, à cette disposition, par des signaux convenus d'avance pour annoncer l'ennemi; par exemple, par un mouchoir, un schakos, ou tous autres objets élevés au-dessus de la tête et présentant chacun une indication particulière; les védettes

(1) Tout soldat, en semblable circonstance, doit se rappeler l'exemple à jamais mémorable du chevalier d'Assas, et savoir l'imiter. Cet exemple le voici :

C'était en 1760, au siége de Vezel, le chevalier d'Assas, capitaine au régiment d'Auvergne, commandait un poste dans le taillis en avant de Kumpenbrock. S'étant avancé seul pour découvrir ce qui se passait, il est entouré tout-à-coup par des grenadiers anglais qui le menacent de la mort s'il fait le moindre bruit. Jugeant que ce ne peut être qu'une surprise et rassemblant toutes ses forces, il s'écrie : « A moi, Auvergne, voilà l'ennemi ! » Il tombe percé de coups, mais l'alarme est donnée, les Français se pressent d'arriver, et l'ennemi est repoussé!

Au siége de Dantzick, pareil trait d'héroïsme se renouvela dans notre armée. Le chasseur Fortunas, du 12e léger, étant en sentinelle dans l'île de Holm, fut surpris par un détachement russe, désarmé et fait prisonnier. Surpris à leur tour par le 12e léger qui les avait tournés, les officiers russes crièrent : « Ne tirez pas, nous sommes Français. » Menacé d'être tué s'il parlait, Fortunas s'écria à son tour : « Tirez, tirez, mon capitaine, ce sont les Russes! » et, comme d'Assas, il périt pour sauver les siens.

peuvent, dans le même but, parcourir un certain espace en cercle ou dans tout autre sens.

Pendant la nuit, où sont placées les sentinelles?

Pendant la nuit, les sentinelles sont placées de préférence dans les lieux bas, pour mieux distinguer ce qui vient d'en haut.

Comment allége-t-on le service des rondes?

Pour alléger le service des rondes, et tenir pendant la nuit plus de monde sur pied, les sentinelles sont relevées toutes les heures.

Quels sont les moyens à employer pour éviter la surprise de sentinelles par de fausses patrouilles?

Il est souvent utile, pour éviter qu'elles soient surprises, que des signaux remplacent ou précèdent le mot de ralliement. Les sentinelles de pose, les sentinelles volantes, les patrouilles, les rondes doivent alors frapper dans les mains, ou sur une partie de l'armement ou exécuter tout autre signal convenu.

Lorsque, pendant la nuit, une sentinelle entend quelqu'un s'approcher, que fait-elle?

Lorsque, pendant la nuit, une sentinelle entend quelqu'un s'approcher, elle arme son fusil, et crie : *halte là!* si on ne s'arrête pas après qu'elle a crié une seconde fois, elle fait *feu;* si on s'arrête, elle crie : *qui vive?* et lorsqu'il lui a été répondu *ronde* ou *patrouille*, elle crie : *avance au ralliement!* Si le chef de ronde ou de patrouille ne s'avance pas seul, s'il ne fait pas le signal convenu, ou s'il ne donne pas le mot, la sentinelle fait feu et se replie sur le poste.

Lorsqu'elle est placée devant les armes, et qu'il a été répondu au *qui vive,* elle crie : *aux armes!* la garde se forme aussitôt, et le brigadier va reconnaître.

Ne peut-on pas, dans certains cas, remplacer le *qui vive* par des signaux?

Lorsqu'on veut dérober à l'ennemi la connaissance de l'emplacement des sentinelles, des signaux peuvent remplacer le *qui vive.* Dans ce cas, les sentinelles font les premières un signal; il leur est répondu par un signal convenu.

Dans quel cas les sentinelles peuvent-elles être doublées?

Lorsque les troupes n'ont pas l'habitude de la guerre ou que la quantité et l'espèce des troupes légères de l'ennemi l'exigent, les sentinelles peuvent être réunies par deux. Quelquefois encore, on les double pour qu'elles puissent se partager la surveillance de l'horizon, ou bien lorsqu'il doit y avoir un avis à faire parvenir, un individu à arrêter, etc. Dans ce cas, l'une des deux se détache, et la chaîne n'est pas interrompue.

Dans quelles circonstances cette dernière mesure est-elle nécessaire?

Cette mesure est nécessaire dans un terrain coupé, fourré, d'un aspect inégal, et dans les nuits obscures et orageuses qui favorisent les surprises, *ainsi que dans les temps de brouillards.*

Comment est organisé le service des sentinelles doublées?

Pendant qu'une sentinelle observe, l'autre parcourt les sinuosités, les replis du terrain, les escarpements des chemins creux; ces sentinelles mobiles sont appelées *volantes*. Des sentinelles volantes se croisent lorsqu'il y a insuffisance d'hommes de garde pour observer toutes les issues.

Quelle est la surveillance des commandants des grand'gardes à l'égard des sentinelles?

Les commandants des grand'gardes visitent souvent des sentinelles, les déplacent ou en placent de nouvelles, selon qu'ils le jugent convenable; ils leur font répéter leur consigne, leur apprennent dans quelles circonstances et à quel signal elles doivent se retirer, et leur recommandent de ne pas se replier directement sur les petits postes, si elles se trouvent poursuivies, mais de n'y arriver que par un circuit, afin d'en tenir l'ennemi éloigné plus longtemps.

Développements.

Quelles habitudes de sagacité cherche-t-on à inculquer aux védettes?

On leur apprend à deviner, aux indices suivants, les mouvements probables de l'ennemi.

S'il s'élève de la poussière, si les armes rayonnent dans le camp, c'est l'indice d'un mouvement. Si la poussière soulevée par l'ennemi est épaisse et basse, elle indique un mouvement de voitures, d'artillerie probablement, ce qui se reconnaît en outre au bruit. Si la poussière s'élève plus haut, elle est causée par une troupe de cavalerie; enfin, si elle n'est ni haute, ni épaisse, elle indique la marche d'un corps d'infanterie.

A quels signes reconnaît-on la direction que suit une troupe ?

On reconnaît facilement si la troupe aperçue marche vers la droite ou la gauche. Où il y a incertitude, c'est si elle marche en avant ou en arrière. Or, dans la marche en avant, l'éclat des armes forme un jet continu; dans la marche en arrière, cet éclat se manifeste par des rayonnements passagers.

Les traces laissées sur le sol ne sont-elles pas aussi un indice de la marche et de la direction des colonnes ?

Souvent elles offrent d'excellents indices, non-seulement sur la marche des colonnes, mais encore sur l'espèce de troupes qui les composent et sur leur force. Il faut donc en étudier avec soin la nature et les dispositions.

Les feux d'un camp ou d'un bivouac donnent-ils aussi quelques indices ?

Oui, quand ils s'avivent et se multiplient, c'est que les avant-postes sont renforcés et que l'ennemi se prépare à un mouvement offensif.

Quand, au contraire, leur lueur diminue et quelquefois même s'éteint, c'est le signe que l'ennemi décampe. Il en est de même lorsque l'on met le feu aux abris, imprudence qui de plus annonce peu de discipline.

Doit-on toujours se fier à ces indices ?

Non, car souvent ils sont une ruse de guerre.

Quelles sont les précautions matérielles à prendre pour éviter que les védettes soient surprises ?

Il est nécessaire, pour éviter les surprises, de couvrir les védettes de quelques obstacles qui empêchent l'ennemi de se porter sur elles avec trop de rapidité; on barricade les ponts en pierre, on enlève quelques planches à ceux en bois, on embarrasse les défilés. Ces opérations se font promptement avec des charriots, des échelles, des arbres à demi-coupés qu'on fait tomber sur la route, des tonneaux vides, etc.

Quelle doit être la distance des védettes aux petits postes ?

La distance des védettes aux petits postes est de 400 à 500 mètres, leur éloignement des grand 'gardes est donc d'environ 800 à 1,000 mètres. (*De Presle*, 420).

Sur quoi se calcule la distance que les védettes doivent avoir des grand'-gardes?

Ces distances sont calculées : 1° sur la portée de la vue de l'homme, qui voit peu distinctement par tous les temps à de plus grandes distances (1) ; 2° sur le temps nécessaire à la grand'-garde pour brider et monter à cheval et s'avancer au soutien de ses petits postes, s'ils sont attaqués ; il faut en effet deux ou trois minutes pour cette opération, et l'ennemi mettra environ trois minutes pour franchir 1,000 mètres au galop ; mais, à moins de circonstances très-défavorables, les védettes l'auront aperçu à 2 ou 300 mètres de distance : on sera donc bien en mesure de le recevoir. Nous supposons, dans ce calcul, que le terrain n'a pas permis de barricader les avenues du poste, sinon le temps que l'ennemi perdra à se débarrasser des obstacles sera gagné pour les dispositions défensives. Dans les pays de plaine, l'ennemi sera aperçu de plus loin que nous l'avons supposé, et dans les pays coupés et à défilés, où les surprises sont plus faciles, sa marche peut être rendue plus lente. (*De Presle*, 420.)

Quelle est la raison principale qui fait placer les sentinelles et les védettes sur des hauteurs, pendant le jour, et dans les lieux bas, pendant la nuit?

On place, de jour, les védettes sur les points élevés qui sont les plus favorables pour bien voir ; à la nuit, au contraire, on les place au bas des hauteurs, ou même sur les pentes, de manière que leurs têtes en dépassent le sommet. Elles sont moins faciles à enlever et découvrent ce qui paraît sur les sommités, parce que les corps s'y

(1) Par un temps clair, à 2,000 mètres, on n'aperçoit les hommes et les cavaliers que comme des points, sans distinguer leurs mouvements ; à 1,200 mètres, on reconnaît facilement l'infanterie de la cavalerie, mais on distingue peu les mouvements de la première, à moins qu'elle ne marche par le flanc, alors on peut reconnaître ses files ; à 800 mètres, les mouvements sont marqués et distincts ; à 700 mètres, on distingue la tête du corps ; à 400 mètres, tout est parfaitement apparent.

dessinent mieux dans le vague de l'air. Si on laissait les védettes sur les hauteurs, elles apercevraient difficilement les hommes qui en gravissent les pentes, parce qu'ils se confondraient avec les objets qui les couvrent. (*De Presle*, 423).

Combien de lignes doit franchir l'ennemi ayant d'arriver au camp principal, dans les circonstances ordinaires et dans celles qui sont le plus compliquées?

L'ennemi rencontrera : 1° les postes détachés en avant ou *postes à la cosaque*. Ces postes, réglementaires dans plusieurs armées étrangères, ne sont employés en France que lorsque les circonstances l'exigent ; 2° à 400 mètres environ de ces postes, la chaîne des védettes ; 3° à 300 mètres plus loin, la chaîne des sentinelles ; 4° à 3 ou 500 mètres, les petits postes ou postes intermédiaires; 5° à 4 ou 500 mètres, la grand'garde. Profondeur totale de la zône des avant-postes, environ 1,500 mètres.

Derrière la grand'garde, il rencontrera encore, suivant les circonstances, les postes de soutien, les petits postes placés sous la surveillance du chef de la garde de police, et enfin, à 200 mètres du camp, l'avancée de cette garde.

Lorsque les védettes sont réunies par deux, que doit faire celle qui reste si l'une des deux déserte?

Quand les védettes sont doublées, si l'une déserte, l'autre doit faire feu sur elle. (Chose qu'on obtiendra difficilement du soldat.) (*De Presle*, 428.)

VINGT-DEUXIÈME LEÇON.

VIGILANCE PENDANT LA NUIT.

ARTICLE 89e.

Comment s'exerce la vigilance des grand'-gardes pendant la nuit?

Les grand'gardes étant destinées à garantir les troupes auxquelles elles appartiennent, d'attaques imprévues et de surprise nocturne, la moitié des hommes qui les composent, veillent armés, pendant que les autres reposent, ayant leurs armes à côté d'eux.

Comment sont les chevaux ?

Les chevaux des grand'gardes de cavalerie restent bridés, les cavaliers ont la bride dans le bras et doivent ne pas dormir.

Dans quelles circonstances les grand'gardes peuvent-elles être autorisées à faire manger les chevaux pendant la nuit ?

Lorsqu'une grand'garde de cavalerie est établie dans un lieu dont l'accès du côté de l'ennemi est difficile, le général peut l'autoriser à faire manger ses chevaux pendant la nuit, en l'astreignant néanmoins à n'en débrider à la fois qu'un petit nombre ; les cavaliers dont les chevaux sont débridés redoublent de surveillance pour les empêcher de s'échapper. *En conséquence, les cavaliers doivent les tenir par l'extrémité de la longe pendant tout le temps qu'ils mangent. On fait habituellement manger les chevaux de la grand'garde le matin et le soir. La nécessité de les faire manger la nuit, n'a lieu que pendant les longues nuits d'hiver.*

Que font les grand'gardes de cavalerie avant le jour ?

Une heure avant le jour, les grand'gardes montent à cheval.

Dans les postes avancés, quelles précautions prend-t-on pendant la nuit ?

Dans les postes avancés, une partie des hommes reste pendant toute la nuit sous les armes ou à cheval.

PATROUILLES, DÉCOUVERTES, RONDES.

ARTICLE 90e.

D'après quelles considérations le commandant d'une grand'garde règle-t-il le nombre, les heures et la marche des patrouilles ?

Le commandant d'une grand'garde règle le nombre, les heures et la marche des patrouilles, selon la force de sa troupe et le besoin de multiplier les précautions ; ce besoin résulte du plus ou moins de facilité pour arriver sur le poste et pour l'assaillir, de la proximité plus ou moins grande de l'ennemi, des dispositions des habitants à son égard et de toutes les circonstances qui peuvent le rendre audacieux ou circonspect.

Quelle est la reconnaissance particulière à faire par le commandant d'une grand'garde ?

Le commandant d'une grand'garde reconnaît lui-même, accompagné de ceux qui doivent conduire les rondes et les patrouilles de nuit, les chemins que celles-ci doivent parcourir.

Quelles précautions doivent avoir les patrouilles pendant leur marche ?

Les patrouilles marchent lentement, avec précaution et sans bruit; elles font de fréquentes haltes pour écouter; elles observent avec soin le terrain qu'elles explorent.

De qui sont accompagnés les officiers et les sous-officiers de ronde, et qu'observent-ils dans leur marche ?

Les officiers et les sous-officiers de ronde, chargés de s'assurer de la vigilance des postes et des sentinelles, sont accompagnés de deux ou trois hommes ; ils marchent comme les patrouilles, avec lenteur et précaution, et observent tout ce qui peut intéresser les postes.

Quelle est l'extension donnée au service des patrouilles au point du jour ?

Au point du jour, les patrouilles doivent être plus fréquentes et ne plus se restreindre à parcourir les environs du poste. Elles marchent à la découverte, bien qu'avec toutes les précautions possibles, pour reconnaître les chemins creux et les inégalités du terrain favorables aux rassemblements; elles ne négligent rien pour éviter d'être coupées ou de s'engager dans une lutte inégale : si elles sont attaquées ou seulement rencontrées par l'ennemi, elles font feu et cherchent à arrêter sa marche. Pendant leur absence, les postes sont sous les armes ou à cheval.

Quel est le devoir des patrouilles et des découvertes de cavalerie à l'égard des postes d'infanterie ?

Les patrouilles et les découvertes de cavalerie, devant se porter au loin et fouiller le pays avec soin, avertissent les postes d'infanterie, dans l'intérêt de leur sûreté commune, de ce qu'elles ont observé.

Quand reviennent les patrouilles et découvertes du matin et que fait-on à leur retour ?

Les patrouilles et découvertes du matin, tant d'infanterie que de cavalerie, ne reviennent qu'au grand jour.

Ce n'est qu'à leur retour que les sentinelles de nuit sont retirées, et que les postes reprennent leur position de jour.

Lorsque les patrouilles ont ordre de s'approcher des védettes de l'ennemi, quelles précautions prend-on pour éviter une méprise au retour ?

Lorsque le terrain permet de s'approcher des védettes de l'ennemi sans être aperçu, et que, pour un motif particulier, les patrouilles ont ordre de passer la chaîne des avant-postes, les petits postes et les sentinelles sont prévenus, et on prend les plus grandes précautions pour éviter au retour une méprise.

Quel compte doivent rendre les chefs de patrouilles à leur rentrée ?

Les chefs de patrouilles, à leur rentrée, rendent un compte exact de la configuration du terrain qu'ils ont parcouru, du plus ou du moins de vigilance des postes ennemis, en un mot de tout ce qu'ils ont observé. Le commandant de la grand'garde envoie un rapport à l'officier supérieur de semaine.

POSTES MIS EN MOUVEMENT.

ARTICLE 91e.

Par qui les postes peuvent-ils être mis en mouvement ?

Les généraux et leurs chefs d'état-major peuvent seuls, en dépassant les avant-postes, les déplacer et les employer.

Développements.

Combien distingue-t-on de sortes de patrouilles et quel est leur dispositif pendant la marche ?

On en distingue deux sortes : les patrouilles *offensives* et les patrouilles *défensives*.

Les premières servent, par des rondes fréquentes, à assurer l'exécution des consignes données aux avant-postes et à tenir les sentinelles en baleine. Les hommes marchent espacés. S'il y a 4 hommes, un marche en tête, un en queue, les deux autres sur chaque flanc, le brigadier marche au centre, ne perdant jamais ses hommes de vue, et tous sont attentifs au moindre signal. Si la patrouille est plus forte, on met quelques hommes de plus du côté le plus exposé, le reste marche en file par un ou par deux, suivant leur force et le terrain. Habituellement, les patrouilles destinées aux rondes, varient de 4 à 8 cavaliers.

Les patrouilles offensives sont destinées à éventer les marches de l'ennemi, à reconnaître ses avant-postes, ainsi que le terrain qu'ils occupent. Elles varient de 15 à 20 hommes, et leur dispositif est le même que celui des rondes.

Quelle doit être l'attention du chef qui fait partir les patrouilles ?

Les patrouilles ne doivent jamais partir à des heures fixes ; elles doivent être conduites avec prudence et ne pas parcourir le même terrain. (*De Presle*, 443.)

Quelles sont les précautions à prendre par le chef de toute patrouille pendant la marche?

Il doit éviter d'entrer dans les chemins creux et étroits, d'où la retraite est difficile et où l'on peut tomber dans une embuscade d'infanterie ; car, quoi qu'on fasse, il est fort difficile à une troupe de cavalerie de ne pas être entendue la nuit. Il faut, pour cette raison, éviter aussi les chemins pierreux, passer autant que possible à travers champs, ce qui fait rarement du bruit, et prendre à revers les haies derrière lesquelles l'infanterie peut s'embusquer.

Le chef d'une patrouille n'a-t-il pas encore d'autres précautions à prendre pour n'être pas découvert ?

Il doit faire observer le plus grand silence, il ne permet de parler qu'à voix basse et quand il y a nécessité. On ne doit pas fumer, ni avoir des chevaux qui hennissent ou s'ébrouent aisément. Il faut, de temps en temps, faire descendre un homme de cheval et lui faire mettre l'oreille contre terre, afin d'entendre le bruit que peut faire une troupe en marche, ou le roulement éloigné des voitures.

Quelles sont les précautions à prendre par un chef de patrouille qui craint de tomber dans une embuscade, ou passant devant une maison ?

Il fait marcher ses cavaliers par un, c'est le moyen d'éviter le choc des armes et de permettre aux hommes de la queue de s'échapper si la tête est prise. Quand il passe devant une maison, il y entre et questionne les habitants. Si c'est une auberge ou un cabaret, il les fait fouiller, et ne s'en approche qu'avec précaution, l'ennemi pouvant y être lui-même.

Les patrouilles doivent-elles quelquefois

Il est utile, dans certaines circonstances, de faire des patrouilles en avant des vedettes, même

dépasser le cordon des védettes ?

pendant la nuit ; par exemple, quand le terrain qui sépare les védettes de celles de l'ennemi est de nature à lui permettre de s'approcher très-près d'elles sans être aperçu ; quand on a eu une alerte dont on n'a pu découvrir la véritable cause et qu'on suppose donnée par une embuscade qui s'est trahie, mais semble renoncer à son dessein ; quand on a des motifs de croire que son adversaire décampe ou fait un grand mouvement qu'on espère mieux découvrir en s'approchant de plus près ; alors on peut dépasser les avant-postes et se poster près de l'ennemi pour mieux voir et entendre.

Quelles sont les précautions à prendre quand il y a nécessité de faire dépasser les védettes par des patrouilles ?

Il faut, avant de les dépasser, que les védettes en soient prévenues et que le petit poste par lequel on doit rentrer, ait l'ordre de laisser approcher une patrouille de tant d'hommes, commandée par tel officier ou sous-officier, qui fera tel signal.

Quel est le but de cette précaution ?

Il faut prendre ces précautions pour éviter qu'une védette ne fasse feu sur une patrouille, comme aussi qu'elle ne se laisse pas approcher par une troupe ennemie, qu'elle prendrait pour amie. (*De Presle*, 446.)

Citez un exemple où l'oubli de cette mesure eut un funeste résultat ?

C'est par l'oubli de cette mesure, que le général Labarpe fut tué près de Plaisance, par ses propres soldats, dans la campagne de 1796 ; il avait dépassé les avant-postes, pour faire une reconnaissance, après une alerte causée par les Autrichiens ; il rentra par un chemin différent de celui par où on l'avait vu sortir et fut pris pour l'ennemi. (*De Presle*, 446.)

Quel danger peut-il y avoir de faire fréquemment franchir le cordon des védettes par les patrouilles ?

On doit éviter de faire voir souvent aux védettes les patrouilles venant du côté de l'ennemi, c'est les habituer à une confiance qui peut avoir des suites dangereuses. (*De Presle*, 446.)

VINGT-TROISIÈME LEÇON.

DES FEUX.

ARTICLE 92e.

Quelles sont les précautions que les grand'-gardes prennent pour dérober à l'ennemi la vue de leurs feux?

Lorsque les grand'gardes n'ont pu se placer derrière un mur, une éminence, un bois ou quelqu'autre rideau, elles masquent, du côté de l'ennemi, l'emplacement de leurs feux. A défaut d'autres moyens, elles les allument dans des trous creusés à cet effet; on établit, en outre, à une certaine distance des feux apparents qu'entretiennent des sentinelles volantes; on en établit encore, s'il est nécessaire, sur les passages que le défaut de monde empêche d'occuper.

Quelle défense fait-on aux petits postes?

On défend aux petits postes d'allumer du feu, si on a lieu de craindre que ces feux ne contribuent à les faire surprendre.

Quelle précaution prend-on pour le cas où l'on serait obligé d'éteindre les feux subitement?

Comme il arrive quelquefois que, dans le but de tromper l'ennemi ou de se garantir d'être surpris, on doit éteindre subitement un feu, il est bon de tenir prêt, pour cet effet, un amas de terre, mouillée s'il est possible.

CHEVAUX MENÉS A L'ABREUVOIR.

ARTICLE 93e.

Dans quels moments les chevaux sont-ils conduits à l'abreuvoir?

Les chevaux sont conduits à l'abreuvoir avant d'aller prendre le poste de jour, et en prenant le poste de nuit. Quelquefois, dans les grandes chaleurs, ils y sont, en outre, conduits successivement pendant la journée. Lorsqu'on juge à propos de ne pas les débrider, pour les faire boire, on leur lâche la gourmette et la muserolle. Pendant qu'une partie de la grand'garde est à l'abreuvoir, l'autre partie reste à cheval.

Dans quel moment et avec quelle précaution

Quand la grand'garde a mis pied à terre, le commandant ordonne de faire manger les che-

Fait-on manger les chevaux ?

vaux, mais successivement et de manière que, pendant qu'un certain nombre mange, les autres restent bridés.

Quand les petits postes font-ils boire ?

Les petits postes ne font boire qu'après être rentrés à la grand'garde.

Développements.

Si l'abreuvoir est éloigné, on fait boire par quart ; s'il est près, on fait boire par moitié ; si l'abreuvoir est entre la grand'garde et les védettes, tout le poste peut aller, suivant les circonstances, faire boire à la fois, mais toujours les chevaux bridés, et en prenant les plus grandes précautions. S'il est éloigné, on le relie avec la grand'garde par des védettes de communication.

TROUPES SE PRÉSENTANT AUX AVANT-POSTES ; PARLEMENTAIRES.

ARTICLE 94e.

Si, pendant la nuit, une troupe se présente à un poste pour entrer au camp sans avoir été annoncée, que fait le chef du poste ?

Si, pendant la nuit, une troupe se présente à un poste pour entrer au camp sans avoir été annoncée, le chef du poste ne la laisse passer que lorsque l'officier qui la commande est connu de lui, ou bien est porteur d'un ordre écrit ; dans le cas contraire, il empêche la troupe d'approcher ; il envoie le commandant, sous escorte, à l'officier supérieur de semaine ; il fait avertir les chefs des postes voisins de se tenir sur leurs gardes.

Quelles précautions prend-on à l'égard des trompettes ou parlementaires de l'ennemi ?

Les trompettes et parlementaires de l'ennemi ne dépassent jamais les premières sentinelles ; ils sont tournés du côté opposé au poste et à l'armée ; on leur bande les yeux, s'il en est besoin. Un sous-officier reste avec eux, pour exiger que ces dispositions soient observées, pour tâcher de tromper leur curiosité par des réponses adroites et prévenir l'indiscrétion des sentinelles.

Que fait le commandant de la grand'garde relativement aux dépêches qui lui sont remises?

Le commandant de la grand'garde donne reçu des dépêches et les expédie immédiatement au général de brigade; il congédie sur-le-champ le parlementaire.

N'est-il pas des cas où le parlementaire doit être retenu?

Il est cependant des cas où le parlementaire doit être retenu temporairement, par exemple quand il a pu recueillir des renseignements qu'il importe de tenir cachés à l'ennemi, ou qu'il a surpris l'armée dans l'exécution de quelque mouvement.

N'est-il pas quelquefois utile de simuler, sans affectation, quelques mouvements?

Il est quelquefois utile de simuler, sans affectation, à l'approche des parlementaires, des mouvements propres à les induire en erreur. On peut aussi interrompre précipitamment ces mouvements, comme si on avait à craindre d'en laisser pénétrer l'objet (1).

Développements.

Comment doit se présenter un envoyé ennemi chargé d'une mission?

Quand un envoyé ennemi se présente aux avant-postes, il doit être accompagné d'un tambour ou d'un trompette et s'arrêter à quelque distance des védettes, puis faire battre ou sonner un appel. S'il avance sans cette précaution, le droit de guerre est de le faire prisonnier, malgré ses réclamations. Quand les védettes sont doublées, une d'elles se détache, fait arrêter l'envoyé ennemi et lui fait tourner le dos; l'autre appelle le brigadier; si la védette est seule, elle ne bouge pas, mais crie à l'envoyé de s'arrêter et de se retourner, et avertit son brigadier, qui, à son tour, fait prévenir le commandant de la grand'garde; celui-ci vient de sa personne ou envoie savoir l'objet de sa mission; s'il

(1) C'est ainsi que, la veille de la bataille d'Austerlitz, le prince Dolgoroucki, envoyé par Alexandre au camp français, fut abusé par de faux mouvements ordonnés en sa présence par Napoléon.

s'agit d'un paquet, il en donne un reçu, l'envoie immédiatement à l'officier supérieur de service, puis renvoie le parlementaire. (*De Presle*, 430.)

Que doit-on faire si le parlementaire demande à être introduit?

Si, au contraire, celui-ci demande à être introduit, on prend d'abord des ordres supérieurs, avant de l'admettre dans le cordon ; puis, si l'on reçoit l'ordre de le recevoir, on lui bande les yeux et on le fait conduire à l'officier supérieur de service. (*De Presle*, 431.)

Doit-on dans ce cas se méfier d'un parlementaire?

Oui, car la plupart du temps ce sont des officiers habiles, souvent même déguisés, qui, sous prétexte de parlementer, viennent en réalité étudier le terrain et reconnaître vos dispositions. Ainsi, le duc de Rovigo, envoyé à l'empereur de Russie avant Austerlitz, rapporta des renseignements d'une grande utilité.

ARTICLE 95e.

DÉSERTEURS, GENS SUSPECTS.

Où sont conduits les déserteurs venant de l'ennemi?

Les déserteurs, après avoir été désarmés aux avant-postes, sont conduits au commandant de la grand'garde, qui les interroge sur tout ce qui peut intéresser la sûreté de son poste.

Développements.

Les déserteurs étaient beaucoup plus nombreux autrefois, les armées se composant alors de mercenaires, que depuis qu'elles sont devenues nationales. De nos jours, ils n'abandonnent guères leur corps, sinon pour éviter un châtiment. On leur accorde d'autant plus de confiance que le motif de leur désertion est plus excusable. Un homme dans cette position est porté à l'exagération, pour se donner plus d'importance ; il faut donc écouter ses paroles avec défiance. Ce qu'on peut apprendre de lui d'une manière certaine, c'est le nom, la force et la position du corps auquel il appartient, la direction qu'il a suivie et les moyens qu'il a employés pour s'évader, parce qu'ils font comprendre le vice, le point faible des avant-postes ennemis.

Le matin même de la bataille de Waterloo, un déserteur belge fut amené à l'Empereur. Sa désertion était très-excusable, car il avait longtemps servi sous notre drapeau, et venait pour le rejoindre; on devait donc lui accorder quelque confiance; et, de fait, il nous apprit que les Anglais avaient pris position dans la plaine de Waterloo, sans y élever aucun ouvrage, et qu'il avait été fait des distributions de cartouches, ce qui indiquait clairement l'intention de combattre. Cette assertion fut d'une haute importance, car les généraux soutenaient au contraire que l'armée anglaise battait en retraite sur Bruxelles, et n'avait pas l'intention de livrer bataille en avant de cette ville.

Quelle précaution prend-on s'ils se présentent la nuit en grand nombre?

S'ils se présentent la nuit, en grand nombre, le chef de la garde avancée ne les laisse passer que successivement et avec précaution.

Quelle est la destination qui leur est assignée par le commandant de la grand'garde?

Le commandant de la grand'garde, auquel ils sont conduits ou qui les fait prendre à la garde avancée, leur assigne une place à quelque distance de son poste et les fait surveiller; au jour, il les envoie au commandant du camp ou cantonnement le plus voisin.

Qu'en fait celui-ci?

Celui-ci les fait conduire devant le général de brigade, qui, après les avoir questionnés, ordonne leur départ pour le quartier-général de la division.

Que doivent faire les postes en arrière, à l'égard des étrangers?

Les postes en arrière doivent, comme les postes avancés et dans les mêmes cas, arrêter tous les étrangers; le commandant du poste fait fouiller en sa présence ceux qui lui paraissent suspects.

Développements.

Que doit-on faire s'il se présente beaucoup de déserteurs ennemis?

S'il se présente beaucoup de déserteurs, on leur assigne un lieu pour y passer la nuit, assez loin des védettes pour qu'ils ne puissent les surprendre, et on les désarme ; on prévient les chefs des avant-postes de cette circonstance, et, si on ne voit aucune sûreté à garder ces déserteurs près de soi, on demande une escorte pour les emmener. (*De Presle*, 437.)

Quelles conséquences peut avoir l'oubli de ces précautions?

Une des surprises les plus remarquables, causée par l'oubli de ces précautions, et surtout par trop de mépris de l'ennemi, est celle de Hochkirch, du 16 octobre 1758.

Frédéric avait laissé l'armée autrichienne sur son flanc droit, et négligé de placer assez de postes sur ses derrières.

Quelques jours avant la surprise, des essaims de Croates venaient tirailler avec les avant-postes prussiens et leur donnaient de fausses alertes, auxquelles on ne fit bientôt aucune attention.

Dans la nuit du 16, des tirailleurs autrichiens s'avancent près des postes ennemis, et font de grands abattis dans une forêt; ils s'appellent les uns les autres, font un bruit continuel ; leurs cris et les coups de hache retentissent. A la faveur de ce bruit, l'armée autrichienne se masse en silence sur son flanc gauche et dirige plusieurs corps sur les derrières du camp prussien, pour l'envelopper. L'avant-garde est composée de cuirassiers portant en croupe des grenadiers.

Vers les cinq heures du matin, de prétendus déserteurs, nombreux et résolus, se présentent aux avant-postes prussiens. Leur nombre grossit à chaque instant et surpasse celui des hommes de garde. On s'alarme enfin ; mais les postes sont égorgés ; la surprise est favorisée par un brouillard qui couvre le champ de bataille, bientôt éclairé par l'incendie du camp.

Plusieurs centaines de Prussiens passent du sommeil à la mort; les autres sortent à demi-nus de leurs tentes embrâsées. Leur valeur, leur excellente discipline, le sang-froid de Frédéric, sauvèrent l'armée d'une destruction totale ; ils laissèrent 8,000 hommes sur le champ de bataille. Leur cavalerie, qui heureusement était restée sellée, fit plusieurs belles charges et soutint la retraite. (*De Presle*, 437.)

VINGT-QUATRIÈME LEÇON.

CONDUITE EN CAS D'ATTAQUE PAR L'ENNEMI.

ARTICLE 96e.

Aussitôt qu'une grand'garde est attaquée ou est menacée de l'être, qui fait-elle prévenir ?

Aussitôt qu'une grand'garde se trouve attaquée ou est menacée de l'être, elle fait prévenir le général de la brigade et le chef du corps dont elle dépend.

Dès que l'ennemi marche pour l'attaquer, quelles dispositions prend-elle ?

Dès que l'ennemi marche pour l'attaquer, elle doit le prévenir, s'il n'est pas trop en force, si elle ne risque pas de se compromettre, si elle n'est pas dans un poste fermé ou un défilé qu'elle ait ordre de défendre.

Dans les cas contraires, que fait-elle ?

Dans les cas contraires, elle doit prendre les positions, et exécuter les mouvements les plus propres à retarder la marche de l'ennemi, remplissant occasionnellement la destination de tirailleurs. Elle combat, réunie ou éparse, selon les localités ou l'espèce de troupe qui l'attaque ; enfin, elle rentre à son corps dès qu'il est en ligne, ou que les troupes sont arrivées en nombre suffisant sur le terrain qu'elle défend.

COMPOSITION DES DÉTACHEMENTS.

ARTICLE 99e.

Comment les détachements doivent-ils être composés ?

Les détachements sont de préférence composés de fractions constituées, telles que escadrons, pelotons, sections, etc.

Comment le tour de service est-il établi pour fournir les détachements?

Pour fournir les détachements, un tour de service est établi entre les régiments d'une brigade, les escadrons d'un régiment, et les pelotons d'un escadron.

Comment sont commandés les officiers et les sous-officiers pour les détachements ?

Les officiers et les sous-officiers faisant partie d'une fraction constituée, commandée pour un détachement, marchent avec cette fraction.

Un officier peut-il marcher avec une partie plus ou moins forte de la fraction qu'il commande?

Dans chaque grade, tout officier peut marcher avec une fraction plus ou moins forte de la fraction qu'il commande habituellement.

Dans quels cas les adjudants-majors marchent-ils avec les détachements?

Le colonel, lorsqu'il marche en détachement, est toujours accompagné d'un adjudant-major. Il en est de même du lieutenant-colonel et des chefs d'escadrons.

Par qui doit être commandé un détachement composé de fractions prises dans différents régiments?

Un détachement composé de fractions prises dans différents régiments, doit, autant que possible, être commandé par un officier supérieur en grade aux officiers employés dans ces fractions, ou par un officier d'état-major.

Développements.

Quel est le devoir d'un chef de détachement, relativement à sa mission?

Un chef de détachement doit bien se pénétrer de sa mission, demander l'explication de ce qu'il n'entend pas, puis ensuite exécuter ses ordres, sans se permettre de s'en écarter en aucune manière. Ce n'est pas lui qui répond des suites, c'est le chef qui l'a détaché, sur qui en retombe la responsabilité. (*De Presle*, 390.)

Si les circonstances ne lui permettent pas de se conformer à la lettre des ordres qu'il a reçus, que doit-il faire?

Quand quelques circonstances ne lui permettent pas de suivre ses ordres à la lettre, il se conforme à leur esprit, et toujours pour le plus grand bien du service ; mais il faut réellement qu'il y ait impossibilité ; c'est alors que l'officier qui saura habilement prendre un parti de lui-même, prouvera qu'il a l'entente de son état, et qu'on peut lui confier des commandements difficiles (*De Presle*, 390). Il a dû, avant son départ, passer l'inspection de l'armement et de l'équipement; examiner si le paquetage est bien fait, la ferrure en bon état, si chacun a les vivres et les munitions nécessaires.

Comment doit marcher un détachement?

Les précautions avec lesquelles marche une armée, conviennent aussi à un simple détachement; on doit donc toujours faire précéder sa troupe d'une plus faible, qui, sondant le terrain, peut annoncer la présence de l'ennemi. On doit prendre les mêmes mesures pour assurer les derrières de la colonne contre un ennemi embusqué et pour maintenir la discipline. Une troupe marche ainsi entre une avant et une arrière-garde (1). (*De Presle*, 390 *et* 391.)

Quelles sont les fonctions de l'avant-garde?

Les fonctions de l'avant-garde sont de reconnaître le pays, de le fouiller, d'éventer les embuscades, d'annoncer la présence de l'ennemi; quand elle est forte, on la charge encore de repousser les avant-postes ennemis, de se maintenir sur une position ou d'en occuper une et d'y attendre les troupes qui la suivent. (*De Presle*, 391.)

Quelle est l'attention du chef de l'avant-garde?

Le chef d'une avant-garde doit toujours faire marcher sa troupe dans l'ordre le plus parfait et la tenir prête à combattre; il se fait précéder par un ou plusieurs éclaireurs, qui forment la pointe de l'avant-garde, et en envoie en outre à quelque distance sur ses flancs. Il leur prescrit à tous de marcher, leurs armes à feu à la main, prêtes à faire feu; la cavalerie de réserve a le pistolet au poing et le sabre à la dragone; la cavalerie légère fait haut le mousqueton; tous les cavaliers ont la fonte du pistolet découverte et le manteau en sautoir. (*De Presle*, 391.)

Quelle est l'attention des flanqueurs et des éclaireurs, relativement au corps qui les a détachés?

Les flanqueurs et les éclaireurs restent tou-

(1) Un cinquième de l'effectif du détachement, environ, est employé habituellement à le couvrir.

jours, autant que possible, en vue du corps qui les détache; si l'un d'eux disparaît, on en envoie de suite reconnaître la cause. (*De Presle*, 392.)

Que doit faire l'avant-garde lorsqu'elle apprend quelque chose d'intéressant?

L'avant-garde fait prévenir aussitôt le commandant du détachement de ce qu'elle apprend d'intéressant; elle se tient toujours à la distance qui lui est prescrite du corps principal, et, dans les chemins tortueux, où on la perdrait quelque temps de vue, elle laisse un ou plusieurs cavaliers en arrière, pour entretenir les communications avec lui; dans les haltes, elle se garde avec soin. (*De Presle*, 392.)

Que doit faire l'avant-garde lorsqu'elle arrive à un chemin creux ou à un village?

L'avant-garde arrivée à un chemin creux ou à un village ne s'y engage pas inconsidérément; elle y fait d'abord entrer ses éclaireurs et s'arrête. Elle écoute et examine: elle envoie d'ailleurs faire le tour du village par les flanqueurs, et si la marche est secrète, on n'y entre pas, on fait un détour.

Que doit faire une troupe de cavalerie qui s'engage dans un défilé très-long qui n'a pu être entièrement exploré?

De pareils lieux étant propres aux embuscades d'infanterie, on ne doit pas former de colonne continue; 100 chevaux marcheront par exemple en quatre, six ou huit pelotons, au lieu de marcher par quatre, et augmenteront les distances; ils présenteront alors beaucoup plus de vide que de plein au feu de l'ennemi embusqué sur les côtes du défilé. (*De Presle*, 394.)

Quel est le principe général avant de s'engager dans un défilé?

Il est de principe de ne s'engager dans un défilé que quand on est maître des hauteurs qui le dominent: précaution que l'on néglige souvent, parce qu'on veut s'épargner beaucoup de peine et un long détour peut-être, mais qui n'en est pas moins utile. Au reste, dans la cavalerie, on ne peut pas toujours éclairer ces sortes de hauteurs, à raison des difficultés du terrain.

Quelle est la destination de l'arrière-garde?

La destination de l'arrière garde est de couvrir les derrières du détachement et de l'avertir de l'approche de l'ennemi qui, par une ruse assez fréqueue, aurait laissé passer les premières troupes; elle fait donc volte-face dans cette occasion, pour leur donner le temps de se reconnaître et de faire une disposition; elle fait rejoindre les traînards, toujours nombreux si la marche est longue et difficile, et elle empêche le maraudage auquel se livrent les hommes isolés; on doit donc, dans beaucoup d'occasions y mettre spécialement un officier ou un sous-officier d'une grande fermeté, à qui on donne le commandement.

VINGT-CINQUIÈME LEÇON.

RANG DES DÉTACHEMENTS ET DES OFFICIERS QUI EN FONT PARTIE.

ARTICLE 100e.

De quelle manière s'observe le rang des détachements?

Le rang des régiments dans les brigades et des brigades dans les divisions est conservé dans les détachements.

Tout détachement dont le chef n'a pas été désigné est commandé par l'officier le plus élevé en grade; à grade égal, par le plus ancien dans le grade actuel; à parité d'ancienneté, par le plus ancien dans le grade précédent.

Cette règle est-elle applicable aux détachements ou cantonnements composés d'infanterie et de cavalerie?

Cette règle est applicable aux détachements et aux cantonnements composés d'infanterie et de cavalerie, en plaine et dans les lieux fermés; la supériorité ou l'ancienneté de grade détermine seule les droits au commandement.

N'existe-t-il aucune exception à cette règle?

Cependant un officier d'état-major, faisant partie d'un détachement, en a le commandement, s'il ne s'y trouve pas d'officiers d'un grade supérieur au sien.

Si dans un détachement formé de fractions

Si, dans un détachement formé de fractions de plusieurs corps, la fraction d'un régiment vient

de plusieurs corps, une fraction vient à manquer d'officier, que fait-on?

à manquer d'officier, le commandement de cette fraction peut être donné à un officier d'un autre régiment, mais, autant que possible, de la même brigade.

RENCONTRE DE PLUSIEURS DÉTACHEMENTS.

ARTICLE 101e.

Si plusieurs détachements se rencontrent dans un lieu où il n'y a pas d'autres troupes établies, comment en est réglé le commandement?

Si plusieurs détachements se rencontrent dans un lieu où il n'y a pas d'autres troupes établies, le commandement est réglé entr'eux pour tout le temps qu'ils sont réunis, comme s'ils ne formaient qu'un seul et même détachement; néanmoins le commandant d'un détachement ne peut empêcher l'autre de suivre sa destination et d'exécuter les ordres qu'il a reçus.

Quand un détachement entre dans un poste occupé par d'autres troupes, quel est l'officier qui commande?

Quand un détachement entre dans un poste occupé par d'autres troupes, l'officier qui commande le détachement est, pendant tout le temps qu'il s'arrête, sous les ordres du commandant du poste, quand même ce dernier lui serait inférieur en grade. Le commandant du poste ne peut, sous quelque prétexte que ce soit, y retenir le détachement.

ORDRE DE MARCHE DANS LES DÉTACHEMENTS MIXTES.

ARTICLE 102e.

Si un détachement est composé d'infanterie et de cavalerie, comment sont combinées les deux armes?

Si le détachement est composé d'infanterie et de cavalerie, les deux armes sont combinées de manière à pouvoir se prêter un mutuel appui.

Quelles sont les fonctions et les différentes positions assignées à chacune des deux armes, dans les marches de jour et de nuit?

Dans les marches de jour et dans les pays de plaine, la cavalerie fournit l'avant-garde, l'arrière-garde et les éclaireurs sur les flancs; elle tient habituellement la tête du corps principal.

Dans les pays montagneux et couverts, et dans les marches de nuit, l'avant-garde et l'arrière-garde sont fournies par l'infanterie, qui, à son tour, prend la tête du principal corps; dans ce cas, quelques cavaliers précèdent l'avant-garde et suivent l'arrière-garde, pour avertir promptement.

Quand le commandant d'un détachement n'a pas reçu le soir le mot d'ordre, comment y supplée-t-il?

Quand le commandant d'un détachement n'a pas reçu le soir le mot d'ordre, il en donne un à sa troupe pour le service de nuit.

AUTORITÉ DES COMMANDANTS DE DÉTACHEMENT ET COMPTES A RENDRE.

ARTICLE 103e.

Quelle est l'autorité des commandants de détachement?

Les commandants de détachement ont la même autorité que les chefs de corps pour la police, la discipline et le service des troupes sous leurs ordres. Ils peuvent suspendre les sous-officiers et les brigadiers, et provoquent leur cassation; ils adressent à ce dernier effet leurs rapports au commandant du régiment et prennent ses ordres.

Quelle est la responsabilité des commandants de détachement?

Ils sont responsables du bon ordre dans les marches, dans les camps ou cantonnements, de l'établissement ainsi que de la sûreté de la troupe, et, jusqu'à un certain point, du résultat des combats qu'ils peuvent avoir à livrer ou à soutenir.

Sont-ils autorisés à se retrancher?

Ils sont autorisés à se retrancher au besoin, en se servant de tous les moyens que les localités peuvent leur fournir; ils doivent éviter les dégradations qui ne sont pas indispensables.

Quels comptes ont à rendre les commandants de détachement à leur retour?

A la rentrée d'un détachement, le commandant rend compte au général de la division, si c'est un détachement de division; au général de brigade, si c'est un détachement de brigade; au colonel, si c'est un détachement de régiment, et ainsi de suite. Dans tous les cas, les commandants de détachement rendent compte à leurs chefs immédiats de ce qui intéresse la police, la discipline et l'administration.

VINGT-SIXIÈME LEÇON.

DES RECONNAISSANCES.

DÉFINITION DES RECONNAISSANCES.

ARTICLE 104e.

Qu'entendez-vous par reconnaissance?

Tout mouvement de troupes ayant pour objet de découvrir ou de vérifier un ou plusieurs points relatifs à la position, aux mouvements de l'ennemi ou à la topographie du théâtre de la guerre, est une reconnaissance.

Combien distingue-t-on de sortes de reconnaissances?

On distingue trois sortes de reconnaissances : les reconnaissances journalières, les reconnaissances spéciales et les reconnaissances offensives.

RECONNAISSANCES JOURNALIÈRES.

ARTICLE 105e.

Quelle est la nécessité et l'objet des reconnaissances journalières?

La sûreté des camps, des cantonnements, des postes avancés exige des reconnaissances journalières. L'objet de ces reconnaissances est de s'assurer, si, à la faveur de terrains couverts, coupés, montueux, ou d'autres circonstances de localité propres à favoriser un mouvement offensif ou une embuscade, l'ennemi ne peut préparer une surprise; si ses avant-postes n'ont été ni augmentés, ni mis en mouvement; et si, dans ses camps ou bivouacs, il ne se passe rien qui annonce des préparatifs de marche ou d'action.

SERVICE DES RECONNAISSANCES JOURNALIÈRES RÉGLÉ PAR BRIGADE.

ARTICLE 106e.

Par qui est réglé le service des reconnaissances journalières?

Le service des reconnaissances journalières rentre dans celui de brigade; il est réglé par le général commandant la division, si les brigades sont contiguës, et par le général de brigade, si les brigades campent isolément ou en arrière de localités qui exigent des reconnaissances séparées.

Le service des reconnaissances journalières est-il fait seulement par le corps principal?

Ce service se fait en outre, mais avec moins d'extension, comme découvertes ou patrouilles, d'après les ordres des officiers qui commandent les grand'gardes, et par les troupes qui en sont tirées.

COMPOSITION DES RECONNAISSANCES JOURNALIÈRES.

ARTICLE 107e.

Quelle doit être la composition des reconnaissances journalières?

Les reconnaissances et découvertes journalières doivent employer peu de monde (1). Elles se composent, selon la nature du pays et la situation respective des forces opposées, d'infanterie ou de cavalerie; mais, autant que possible, de troupes des deux armes.

Quels sont les différents motifs qui doivent déterminer la fréquence, la force, et le moment de la sortie des reconnaissances journalières?

Leur fréquence, leur force et le moment de leur sortie dépendent principalement de la nature des localités, de la distance et de la position de l'ennemi. En général, on ne doit pas les prodiguer, et surtout les recommencer aux mêmes heures, ni par la même route. On peut les faire sortir le soir, afin de s'assurer si l'ennemi n'est pas en mouvement, et ne s'établit pas à proximité, dans quelque pli de terrain ou dans quelque bois.

(1) De quinze à vingt hommes environ.

Quelles sont les reconnaissances plus particulièrement propres à chacune des deux armes?

La cavalerie est seule chargée des reconnaissances de plaine. Les reconnaissances des lieux montueux et boisés se font par l'infanterie, plus quelques cavaliers, pour transmettre les nouvelles urgentes.

Dans quel cas une reconnaissance est-elle faite conjointement par les deux armes?

Quand la reconnaissance doit être conduite à travers un pays varié, on peut faire marcher conjointement les deux armes : la cavalerie, pour protéger en plaine la retraite de l'infanterie, et l'infanterie, pour assurer par l'occupation d'un défilé ou d'un point culminant la retraite de la cavalerie.

ARTICLE 108e.

PRÉCAUTIONS A OBSERVER.

Dans les reconnaissances ou découvertes, quelles mesures prend-on pour transmettre des nouvelles aux grand'gardes?

Dans les reconnaissances ou découvertes, on observe les indications ci-après :

On place des postes ou des ordonnances échelonnées, afin de transmettre promptement les nouvelles aux grand'gardes qui les font parvenir au camp.

En raison de leur destination, les reconnaissances doivent-elles éviter de se compromettre?

Les reconnaissances n'étant, en quelque sorte, que des grand'gardes mobiles, destinées non à combattre, mais à voir et à observer, elles évitent de se compromettre, et marchent avec précaution.

Quelles précautions prennent les reconnaissances pour éclairer leur marche?

Elles sont précédées, à environ 200 pas, par une avant-garde d'une force proportionnée à la leur.

Des éclaireurs, choisis parmi les cavaliers les mieux montés et les plus propres à ce genre de service, et parlant, autant que possible, la langue du pays, précèdent l'avant-garde et flanquent la reconnaissance; ils doivent rarement s'écarter, pendant le jour, au point de perdre de vue leur détachement.

Quelles précautions doivent prendre les éclaireurs en gravissant une éminence?

Il ne faut pas que deux éclaireurs gravissent ensemble une éminence; ils se portent principalement sur les points culminants. Tandis que l'un y monte rapidement, l'autre s'arrête à mi-côte, afin de pouvoir, si le premier vient à être enlevé, préserver le détachement de surprise.

Avant le jour, comment doivent marcher l'avant-garde et les éclaireurs?

Avant le jour, l'avant-garde et les éclaireurs doivent être rapprochés; on doit alors marcher lentement et en silence, s'arrêter souvent pour écouter, s'abstenir de fumer, et placer en arrière les chevaux qui hennissent.

Quelles sont les mesures de prudence que prennent les reconnaissances pendant leur marche?

Les reconnaissances ne doivent s'engager dans les villages, vallées, ravins, gorges ou bois, qu'après que les éclaireurs les ont exactement fouillés et qu'ils ont pris les renseignements nécessaires, même, au besoin, des ôtages parmi les habitants.

Quelles remarques et quelles questions font-elles?

Elles remarquent les chemins en jonction avec celui qu'elles parcourent, et ceux qui lui sont parallèles; elles s'informent d'où partent ces chemins et où ils conduisent; elles questionnent les habitants sur ce qui concerne l'ennemi; elles font rester en arrière, sans exception, les individus qui marchent dans la même direction qu'elles, et arrêtent ceux qui leur paraissent suspects.

Que font, de temps en temps et de leur personne, les commandants de reconnaissance pour mieux juger du terrain?

Les commandants de reconnaissance se retournent de temps en temps pour juger de l'ensemble et des détails du terrain, et en reconnaître les points les plus importants, ceux surtout qui peuvent leur être utiles en cas de retraite.

Que fait souvent le commandant d'une reconnaissance, pour battre le plus de terrain possible et pour faire perdre sa trace à l'ennemi?

Souvent, afin de battre le plus de terrain possible et pour faire perdre à l'ennemi sa trace, l'officier qui commande une reconnaissance évite de suivre, pour revenir au camp, le chemin par lequel il est parti; dans ce cas, il ne laisse sur ce chemin ni ordonnances ni postes intermédiaires.

RENCONTRE DE L'ENNEMI.

ARTICLE 109e.

Si l'on rencontre l'ennemi en mouvement, que faut-il faire?

Si l'on rencontre l'ennemi en mouvement, il faut l'observer et le suivre sans se laisser apercevoir, s'il est possible. Le but étant de découvrir ses forces et ses projets, il ne faut le combattre que lorsqu'on y est forcé, et que, faute de pouvoir obtenir autrement des renseignements, on est dans la nécessité de faire des prisonniers; on évite avec soin de s'en laisser faire.

Quand un corps ennemi marche rapidement sur le camp ou le cantonnement, que doit faire le commandant de la reconnaissance?

Quand un corps ennemi marche rapidement sur le camp ou cantonnement, le commandant de la reconnaissance ou découverte ne doit pas hésiter à le combattre, s'il a l'espoir de retarder sa marche sans trop se compromettre.

Par quels moyens annonce-t-il sa retraite et les progrès de l'ennemi?

Indépendamment des ordonnances de choix qu'il a dû expédier pour avertir, le commandant annonce sa retraite, et la marche de l'ennemi, par l'incendie de quelque cabane, de quelque meule de paille, ou par tout autre signal convenu d'avance.

VINGT-SEPTIÈME LEÇON.

RECONNAISSANCES SPÉCIALES.

ARTICLE 110e.

Quel est le but des reconnaissances spéciales?

Les reconnaissances spéciales ont généralement pour but :

1° D'apprécier les distances, l'état des chemins et des travaux qu'il exige, la configuration du terrain et les facilités ou les obstacles qu'elle présente, afin de régler en conséquence la marche des colonnes et des différentes armes;

2° D'explorer dans toutes leurs parties les positions à occuper successivement, soit pour appuyer les attaques, soit pour se maintenir en cas de résistance ou d'offensive de l'ennemi, soit pour assurer la retraite ;

3° De reconnaître l'emplacement et la force des postes principaux ou retranchés de l'ennemi, la configuration de ses positions, les défenses qu'il peut y avoir établies, la difficulté ou les moyens de les aborder ;

4° Enfin d'évaluer, autant que possible, les forces de l'ennemi sur chaque point.

LES OFFICIERS D'ÉTAT-MAJOR EN SONT CHARGÉS.

ARTICLE 111e.

Quels sont les officiers particulièrement chargés des reconnaissances spéciales ?

Les reconnaissances spéciales entrent dans les attributions des officiers d'état-major (1); elles sont l'objet d'une instruction particulière du général de l'armée, du corps d'armée, de l'aile, du centre ou de la division.

RECONNAISSANCES OFFENSIVES.

OBJET DES RECONNAISSANCES OFFENSIVES.

ARTICLE 112e.

Par quels besoins sont déterminées les reconnaissances offensives, et quel est leur objet ?

Les reconnaissances offensives sont déterminées par le besoin de reconnaître, avec la plus grande précision possible, la position générale ou certains points de la position de l'ennemi, et d'apprécier exactement ses forces et ses moyens matériels de défense. Elles préludent le plus souvent à des attaques réelles, même à des batailles, ou bien elles n'ont pour but que des dé-

(1) Les officiers du génie et d'artillerie sont aussi chargés, dans certains cas, des reconnaissances spéciales.

monstrations. Dans tous les cas, elles exigent qu'on fasse replier les postes de l'ennemi, et quelquefois qu'on s'engage avec des corps de sa ligne, surtout lorsqu'il importe de le forcer à déployer toutes ses troupes (1).

PAR QUI ORDONNÉES.

ARTICLE 113e.

Par qui sont ordonnées les reconnaissances offensives ?

Les reconnaissances offensives appartiennent aux combinaisons et aux opérations générales; elles peuvent amener des résultats importants, et autres que ceux qu'on se proposait. Le commandant en chef peut seul les ordonner. Elles ne sont permises aux autres officiers-généraux, que dans le cas où ils agissent isolément et hors de tout concours, ou enfin dans les cas urgents où l'on ne doit pas hésiter à engager sa responsabilité.

RAPPORTS SUR LES RECONNAISSANCES.

ARTICLE 114e.

Quels sont la forme et l'objet d'un rapport sur les reconnaissances?

Toute reconnaissance exige un rapport écrit; le style de ce rapport doit être clair, simple, positif : l'officier qui le fait y distingue expressément ce qu'il a vu par lui-même, des récits dont il n'a pu vérifier personnellement l'exactitude.

Par quoi doit être accompagné le rapport sur les reconnaissances spéciales et offensives?

Pour les reconnaissances spéciales et pour les reconnaissances offensives, il est fait, outre le rapport, un levé à vue des localités, des dispositions et défenses de l'ennemi.

(1) La bataille de la Moscova fut livrée réellement le 7 septembre; dès le 5 septembre au soir, notre avant-garde effectua une reconnaissance offensive et enleva aux Russes la position avancée où était appuyée leur gauche. Ce fut là que l'Empereur resta le lendemain, depuis deux heures jusqu'à la nuit, pour examiner la position ennemie et donner ses ordres pour l'attaque générale qui n'eut lieu que le lendemain 7.

Développements.

Citez-moi un exemple qui prouve l'utilité de vérifier toujours, et, autant que possible, par soi-même, les rapports que l'on est appelé à faire ?

En 1800, le général Berthier, devenu depuis maréchal et prince de Wagram, avait été chargé par le général Bonaparte de faire explorer la route du Grand-St-Bernard, par laquelle l'armée devait franchir les Alpes. Se fiant aux rapports des officiers chargés de cette mission, lesquels ne prirent pas soin de vérifier personnellement les rapports qui leur furent faits, Berthier omit de signaler le fort de Bard. Cette négligence faillit perdre l'armée, et aurait pu, sans l'énergique volonté de Bonaparte, qui fit forcer le passage, faire manquer l'admirable campagne qui se termina par la victoire de Marengo.

ARTICLE 115°.

DES PARTISANS ET DES FLANQUEURS.

Quel est l'objet des partisans et des flanqueurs ?

Les opérations des corps de partisans dépendent de la nature et du théâtre de la guerre; elles entrent dans le plan général du commandant en chef, et ne peuvent être ordonnées que par lui.

Quelles sont la composition et la force des corps de partisans, et des détachements de flanqueurs ?

Elles sont fixées en raison de l'objet qu'ils ont à remplir, des difficultés qu'ils peuvent avoir à surmonter, de l'espace qu'ils ont à parcourir et du temps présumé de l'expédition.

Quelle est la destination de ces corps isolés?

La destination de ces corps isolés est d'éclairer au loin les flancs de l'armée, de protéger ses opérations, de tromper l'ennemi, de l'inquiéter sur ses communications, d'intercepter ses courriers et ses correspondances, de menacer ou de détruire ses magasins, d'enlever ses postes, ainsi que ses convois ou, tout au moins, de retarder sa marche en le forçant à protéger les uns et les autres par de forts détachements (1).

(1) Les partisans peuvent être regardés comme de vrais corsaires à terre.

Quel doit être l'esprit de conduite des partisans et des flanqueurs en pays ami et en pays ennemi ?

En même temps que ces corps isolés fatiguent l'ennemi et gênent ses opérations, ils doivent ne négliger aucun moyen pour inspirer la confiance en pays ami, ni pour, en pays ennemi, maintenir les habitants dans la crainte et la soumission.

Quelles nouvelles répandent-ils, suivant les circonstances?

Ils répandent, suivant les circonstances, des nouvelles propres à inquiéter ou à rassurer, et paraissent inopinément sur divers points, de manière qu'on ne puisse apprécier leur force, ni juger si ce sont des corps irréguliers ou des corps d'avant-garde.

Quelles doivent être les principales qualités d'un officier envoyé en partisan?

De telles opérations comprennent toutes celles de la petite guerre; elles exigent vigilance, secret, énergie et promptitude. Obligé, pour échapper aux dangers de toute espèce, de suppléer au nombre par la ruse ou l'audace, l'officier envoyé en partisan a besoin de réunir à l'expérience de la guerre, le génie et le caractère nécessaires pour prendre des déterminations soudaines, et les exécuter avec adresse et vigueur.

Par quels corps sont particulièrement fournis les détachements envoyés en partisans ?

Les détachements envoyés en partisans se composent quelquefois de troupes de différentes armes; mais ce genre de service appartient plus particulièrement à la cavalerie légère, qui, par des marches rapides, peut se porter avec célérité sur un point éloigné, y surprendre l'ennemi, l'attaquer à l'improviste et se retirer avant d'être compromise.

PRÉCAUTIONS A OBSERVER.

ARTICLE 116e.

Quelles précautions observe l'officier envoyé en partisan ?

L'officier envoyé en partisan marche le plus souvent la nuit, se repose le jour dans des lieux couverts; il s'entoure de petits postes, de sentinelles ou de védettes; il en porte au loin, aux débouchés par lesquels on peut arriver sur lui.

Quelle est, en général,

Il maintient la plus exacte discipline dans sa

la ligne de conduite d'un officier, chef de partisans ?

troupe, et veille à ce que la conduite des militaires sous ses ordres leur concilie l'esprit des habitants (1); il ne néglige rien pour se rendre ces derniers favorables; il se procure, soit par ses intelligences avec eux, soit par des agents secrets, tous les renseignements qu'il lui importe d'obtenir.

Quelles précautions prend-il pendant la marche?

Il évite les villes et les villages, cherche de préférence les vallons sinueux, les bois, les fermes isolées avec des issues commodes.

Quelles mesures prend-il pour assurer la subsistance de ses hommes, de ses chevaux, et pour se garantir de toute surprise dans les lieux habités ?

Forcé de traverser les lieux habités, il les fait fouiller avec soin; obligé d'y prendre des vivres et des fourrages, il se les fait apporter au dehors, et les commande souvent pour un nombre d'hommes et de chevaux supérieur à celui de sa troupe; contraint d'y séjourner, il envoie des espions, et, s'il est besoin, il prend en ôtages les notables du lieu; il charge spécialement des postes et vedettes d'empêcher les habitants de communiquer au dehors.

Quelles précautions prend-il envers l'ennemi ?

Il prend toutes les précautions nécessaires pour cacher à l'ennemi sa proximité, ou tout au moins sa position et ses desseins.

De quelle manière doit-il combattre l'ennemi?

Lorsqu'il doit le combattre, il l'attaque vivement, sans lui donner le temps de reconnaître son détachement ni d'en apprécier la force; il ne continue pas les engagements dont le succès paraît douteux ou qui l'éloigneraient de son but; il change souvent et subitement de direction.

Quand un officier envoyé en partisan est chargé de dresser une embuscade, quelles dispositions prend-il?

Quand un officier envoyé en partisan est chargé

(1) Si la valeur, plutôt qu'une lâche férocité eût été le partage des guérillas espagnols, dans la guerre de l'indépendance, ils eussent fait beaucoup plus de mal aux Français; mais, devenus odieux à leurs propres compatriotes, ce fut presque toujours d'après les indications des habitants vexés, que nous surprîmes les chefs de bande que nous ne pouvions atteindre par nos propres moyens.

de dresser une embuscade, il dérobe soigneusement sa marche et ses projets; il s'assure de la force de l'ennemi, de l'espèce de ses troupes, de leur emplacement, de l'emplacement de leurs postes et vedettes, enfin des chemins par où on peut arriver sur lui.

Quels sont les temps favorables pour les embuscades?

Les temps de pluie, de brouillard, de grande chaleur, la nuit surtout, sont favorables au succès des embuscades; lorsque l'ennemi se garde mal, elles ont lieu de préférence à la pointe du jour.

Que confie-t-il à celui qui commande sous lui?

La prudence exige qu'un officier envoyé en partisan confie à celui qui commande sous lui les ordres secrets du général, indiquant l'objet et le terme de l'opération, ainsi que les différents points de jonction avec l'armée.

VINGT-HUITIÈME LEÇON.

GUIDES ET ESPIONS.

Les partisans sont obligés de faire souvent usage de guides et quelquefois d'espions.

ARTICLE 117e.

Dans quelle classe d'hommes choisit-on de préférence les espions?

Le choix des guides doit porter sur des hommes intelligents, et particulièrement sur des chasseurs, des braconniers, des bergers, des charbonniers, des bûcherons, des gardes champêtres ou forestiers.

De quelle manière s'assure-t-on de l'exactitude des renseignements donnés par les guides et les espions?

Il est prudent d'en prendre plusieurs, de les questionner séparément, et de les confronter ensuite, si les renseignements qu'ils donnent diffèrent les uns des autres.

Quand on n'a qu'un guide, quelles précau-

Quand on n'a qu'un guide, on le fait marcher à l'avant-garde; on le place entre deux hommes

tions prend-on à son égard ?

chargés de le surveiller, et, au besoin, d'user contre lui de rigueur ; quelquefois même on l'attache.

Quels sont les hommes plus particulièrement propres à servir d'espions ?

Les contrebandiers et les colporteurs sont particulièrement propres à servir d'espions ; quelquefois on leur adjoint, pour les surveiller eux-mêmes, un homme intelligent et sûr, qui parle la langue du pays.

Développements.

En combien de catégories peut-on ranger les espions?

En trois catégories : *espions volontaires, espions achetés, espions forcés.*

Que pensez-vous d'un espion volontaire ?

Lorsque des hommes se dévouent à jouer le rôle d'espions volontaires, il faut y attacher une grande importance. On aura d'autant plus de confiance en eux, que le motif qui les porte à jouer ce triste rôle sera plus excusable.

En 1814, ce fut par des espions volontaires, que les alliés connurent tous les plans de l'Empereur, et la disposition des esprits en France.

Y a-t-il des cas où le rôle d'espion soit honorable ?

Oui, lorsque inspiré par un dévouement généreux et non par l'appât d'un vil salaire, un homme consent à se servir d'un déguisement pour passer chez l'ennemi de son pays pour découvrir et faire échouer ses projets, cette action est singulièrement honorable. De pareils hommes sont rares. Ils le seraient moins, si un injuste préjugé ne semblait les flétrir. Les Romains ignoraient ce préjugé ; on vit Sertorius se déguiser et passer dans le camp des Cimbres, près d'Aix en Provence, puis, après avoir observé leurs mouvements, venir en rendre compte à Marius, qui les défit complètement.

Doit-on se méfier des espions achetés ?

On doit toujours craindre une trahison de ces sortes de gens et éviter de leur laisser deviner le moindre projet. Il faut n'ajouter foi à leurs récits qu'avec une extrême circonspection ; car ils peuvent jouer le rôle d'*espions doubles*, et vous induire en erreur volontairement. On appelle *espions doubles* ceux qui servent les deux partis à la fois. On cherche alors à les gagner par un plus fort salaire; si l'on voit qu'ils ne rapportent rien d'intéressant, on n'hésite pas à s'en défaire; s'ils trahissent, on les fait fusiller sur-le-champ.

Qu'entendez-vous par espion forcé?

C'est un habitant, un notable du pays, qu'on oblige, sous peine de piller sa maison et de mettre sa famille en prison, à passer chez l'ennemi et à venir rendre compte de ce qu'il a vu et appris, c'est un moyen cruel, mais que la guerre autorise; surtout dans une guerre nationale, où l'on trouve difficilement des espions volontaires.

Frédéric conseille d'attacher à un espion de ce genre, un soldat résolu, parlant la langue du pays, qu'il fait passer pour son domestique et dont on le rend responsable. C'est cet homme qui vient ensuite rendre compte de la mission.

ATTAQUE D'UN CONVOI.

ARTICLE 118ᵉ.

Quels moments choisit-on de préférence pour attaquer un convoi?

L'attaque d'un convoi a lieu de préférence dans les haltes, ou lorsqu'il commence à parquer, ou quand les attelages sont à l'abreuvoir. Le moment est favorable aussi lorsqu'il se trouve au passage d'un bois, d'un défilé, d'un point de route sinueux, d'un pont, ou dans une montée difficile.

Comment est composé un détachement destiné à l'attaque d'un convoi?

Un détachement destiné à l'attaque d'un convoi est principalement composé de cavalerie; il est utile d'y joindre de l'infanterie pour assurer le succès.

Quel est le premier soin de l'officier chargé de cette opération, et

Le premier soin de l'officier chargé de cette opération est de dissiper l'escorte; une partie de son détachement attaque le gros de la troupe

comment a lieu cette attaque?

ennemie, une autre harcelle les voitures, une troisième est en réserve; les tirailleurs se dispersent sur les côtés de la route et cherchent à couper les traits des chevaux. On tâche de se rendre maître des premières et des dernières voitures, et de les mettre en travers pour empêcher les autres d'avancer ou de rétrograder.

Si le convoi est parqué, comment est dirigée l'attaque?

Si le convoi est parqué, la cavalerie l'entoure, harcelle l'escorte, et cherche à l'éloigner du parc. L'infanterie combat alors les troupes qui sont restées à la garde du convoi, se glisse sous les voitures, et pénètre dans l'intérieur du parc.

Quand la cavalerie est seule, comment supplée-t-on à l'infanterie?

Quand la cavalerie est seule, et que l'ennemi commence à être ébranlé, un certain nombre de cavaliers mettent pied à terre et suppléent à l'infanterie.

Si le convoi est considérable, sur quels points sont dirigés les plus grands efforts?

Si le convoi est considérable, les plus grands efforts sont dirigés vers le centre, afin de forcer l'escorte à se morceler; on attaque aussi de préférence les voitures chargées des objets les plus importants. Après le succès, les voitures sont renforcées d'attelage; celles qui ne peuvent être emmenées sont brûlées.

PRISES.

ARTICLE 119e.

A qui appartiennent les prises faites par les partisans?

Les prises faites par les partisans leur appartiennent, lorsqu'il a été reconnu qu'elles ne se composent que d'objets enlevés à l'ennemi.

Par qui sont-elles jugées et vendues?

Elles sont jugées et vendues par les soins du chef d'état-major et de l'intendant ou sous-intendant, au quartier du général qui a ordonné l'expédition, et, autant que possible, en présence des officiers et des sous-officiers du détachement.

Si la troupe n'est pas rentrée, où sont versés les fonds?

Si la troupe n'est pas rentrée, les fonds sont versés chez le payeur, pour être distribués à qui de droit. Quand les prises sont envoyées dans une place, le commandant de cette place supplée au chef d'état-major.

Que deviennent les armes et les munitions de guerre et de bouche prises à l'ennemi ?

Les armes et les munitions de guerre ou de bouche ne sont jamais partagées ni vendues ; le général en chef détermine l'indemnité à allouer à ceux qui les ont prises.

Dans quelles proportions sont réparties les prises faites à l'ennemi ?

Les officiers supérieurs ont chacun 5 parts ; les capitaines, 4 ; les lieutenants et sous-lieutenants, 3 ; les sous-officiers, 2 ; les brigadiers et les cavaliers, 1. Le commandant de l'expédition en a 6 en sus de celles que lui donne son grade.

Que deviennent les chevaux et autres objets qui appartiennent aux habitants ?

Quand, dans une prise, il se trouve des chevaux ou d'autres objets appartenant aux habitants, ils leur sont rendus. Ces dispositions s'appliquent à tout détachement isolé qui fait une prise.

DES MARCHES.

ARTICLE 120e.

Quelles sont les considérations générales qui déterminent la mise en mouvement et l'organisation des colonnes de marche ?

Le but du mouvement et la nature du terrain déterminent l'ordre de la marche, le nombre des colonnes sur lesquelles on doit marcher, ainsi que l'espèce de troupes qui doit les composer.

On cherche à former le plus de colonnes qu'on peut, en faisant attention toutefois qu'elles ne soient pas trop faibles. Leur distance respective doit être telle qu'elles puissent se communiquer, se soutenir mutuellement et se réunir avec facilité, et pour cet effet tout commandant de colonne doit, indépendamment de ses instructions particulières, être informé de la force, de la composition et de la direction des autres colonnes.

Développements.

Citez-moi un exemple bien remarquable où toutes les règles prescrites ci-dessus furent sui-

Ce fut, à la fin d'août 1805, quand l'Autriche déclara la guerre à la France : nos armées, répandues sur les côtes de l'Océan, depuis Brest jusqu'aux bouches du Weser, durent se porter sur

vies avec autant de bonheur que de talent?

le Danube au-devant des Autrichiens qui avaient pris l'offensive.

Les colonnes françaises, fortes de 200,000 hommes, et organisées en 6 corps, sans la garde et les réserves, partirent d'un point éloigné de plus de 200 lieues du théâtre de la guerre, et arrivèrent pour ainsi dire à jour fixe, là où elles devaient combattre, donnant ainsi au monde l'exemple d'une grande conception stratégique, et d'une marche de concentration exécutée avec un ensemble admirable.

VINGT-NEUVIÈME LEÇON.

AVANT ET ARRIÈRE-GARDE.

ARTICLE 121.

De quelles troupes sont formées l'avant et l'arrière-garde, et quelles sont les considérations qui déterminent leur force et leur composition en différentes armes?

L'avant-garde et l'arrière-garde sont ordinairement formées de troupes légères; leur force et leur composition en différentes armes se règlent d'après la nature du terrain et la position où l'on se trouve à l'égard de l'ennemi. Elles sont uniquement destinées à couvrir les mouvements du corps dont elles font partie, et à arrêter l'ennemi jusqu'à ce que le général commandant ait eu le temps de faire ses dispositions. L'avant-garde ne tient pas toujours la tête de la colonne: dans une marche de flanc, elle est employée à s'emparer des positions propres à couvrir le mouvement qu'on exécute.

Quand cela est jugé nécessaire, quelles compagnies spéciales attache-t-on à l'avant-garde?

Quand cela est jugé nécessaire, des compagnies de sapeurs du génie sont attachées à l'avant-garde.

BATTERIES ET SONNERIES POUR LE DÉPART.

ARTICLE 122e.

Lorsque l'armée doit se mettre en marche, quel signal fait-on ?

Lorsque l'armée doit se mettre en marche, on bat *le premier,* c'est-à-dire *aux champs,* une heure avant le départ. Chaque régiment ne fait battre le *rappel* qu'au moment précis de se mettre en route et de prendre rang dans la colonne. Dans la cavalerie, le *boute-charge* précède ordinairement d'une heure la sonnerie *à cheval.*

Lorsqu'un régiment doit partir seul, que fait-on ?

Lorsqu'un régiment doit partir seul, *la marche* qui lui est particulière remplace les batteries dont on vient de parler. Les régiments de cavalerie conviennent entre eux de signaux particuliers qu'ils ajoutent aux sonneries habituelles.

Entre le *boute-charge* et la sonnerie *à cheval,* à quoi veillent les officiers ?

Entre la sonnerie du *boute-charge* et celle *à cheval,* les officiers veillent à ce que les ustensiles de cuisine et les outils soient rassemblés et remis à ceux qui doivent les porter; à ce que les équipages soient chargés et conduits au lieu désigné pour leur réunion.

Quelles précautions prennent-ils pour que l'ennemi ne s'aperçoive pas des mouvements de la troupe?

Afin de ne point donner lieu à l'ennemi d'observer les mouvements de la troupe, ils ordonnent d'éteindre le feu des cuisines; ils empêchent qu'on ne brûle la paille et les baraques.

Dans la cavalerie, les officiers font ramasser et ficeler le fourrage.

A quel moment, les jours de marche, mange-t-on la soupe?

Les jours de marche, la soupe est, autant que possible, mangée avant le départ.

LA GÉNÉRALE.

ARTICLE 123e.

Lorsqu'on doit marcher subitement à l'ennemi, quel signal fait-on ?

Lorsqu'on doit marcher subitement à l'ennemi, on bat la *générale* et l'on sonne *à cheval.*

Les troupes se forment rapidement en avant de leur camp ou cantonnement.

MARCHE DE LA CAVALERIE.

ARTICLE 124e.

Que doit-on observer dans la marche de la cavalerie ?

Rien ne détruisant plus la cavalerie que la nécessité de se conformer au pas de l'infanterie et à l'allongement des colonnes traversant un défilé, les deux armes ne marchent ensemble que quand la proximité de l'ennemi l'exige.

Lorsque la cavalerie est isolée et loin de l'ennemi, comment marche-t-elle ?

Dans la cavalerie, lorsqu'elle est isolée et loin de l'ennemi, chaque régiment, et, autant que possible, chaque escadron, fait tête de colonne, afin que l'allure se maintienne égale de la tête à la queue, et qu'on puisse trotter toutes les fois que le terrain le permet. Cette disposition hâtant le trajet, la cavalerie doit, aussi souvent qu'elle prévoit pouvoir s'y conformer, se presser moins de partir de ses quartiers, afin de donner plus de repos aux chevaux, et de soins au fourrage et au harnachement. On ne bride qu'au moment de se mettre en route.

INSPECTIONS PENDANT LA MARCHE.

ARTICLE 125e.

Dans la cavalerie, à quoi veillent personnellement les commandants de peloton et les sous-officiers ?

Dans la cavalerie, les commandants de peloton et les sous-officiers veillent personnellement à la régularité du paquetage. Les officiers supérieurs et les capitaines font leur inspection pendant la marche.

A la première halte, on fait rectifier toutes les parties de l'équipement et du harnachement qui se trouvent défectueuses ; on replace les couvertes, on ressangle les chevaux, etc. Les officiers font fréquemment la visite des portemanteaux ; ils font jeter les effets qui ne sont pas d'uniforme, ou qui dépassent le nombre déterminé.

RAPPORTS.

ARTICLE 126.

Comment sont faits les rapports?

Lors du rassemblement, les colonels font leur rapport verbal au général de brigade; ils lui remettent une situation sommaire des présents sous les armes, comprenant les mutations; les généraux de brigade font le même rapport au général divisionnaire.

RASSEMBLEMENTS.

ARTICLE 127.

Quels terrains doit-on choisir pour lieux de rassemblement?

Autant que possible, on ne prend pas pour lieux de rassemblement, ni les chemins particuliers, ni les grandes routes, ni aucun autre point où la troupe pourrait gêner la circulation.

Comment doivent se placer les troupes en arrivant au rendez-vous?

En arrivant au rendez-vous, l'infanterie et la cavalerie, à moins d'indication contraire, se placent, d'après leur rang, dans l'ordre de bataille et se forment en colonnes serrées.

Lorsque l'artillerie et les équipages restent sur la route, on les range en file sur l'un des côtés, afin de laisser l'autre côté libre pour le passage.

Comment et par qui est réglé le moment où les troupes de corps différents, qui ont à parcourir la même route, doivent se mettre en marche?

Le moment où les troupes de corps différents, qui ont à parcourir la même route, doivent se remettre en marche, est réglé dans l'intérêt du service par l'officier le plus élevé en grade, et, à grade égal, par le plus ancien, qui, après avoir reçu communication des ordres de destination, décide, sur sa responsabilité.

DÉPART JAMAIS RETARDÉ.

ARTICLE 128.

Le départ des troupes peut-il être retardé?

L'exécution des ordres ne devant jamais éprouver de retard, si le général de division ou de brigade, le colonel ou tout autre officier, n'est pas à la tête de sa troupe, lorsque celle-ci doit partir, l'officier du rang immédiatement inférieur la fait mettre en marche.

SAPEURS EN TÊTE DE COLONNE. JALONNAGE.

ARTICLE 129e.

Quelles sont les précautions à prendre pour assurer la marche des colonnes et ne pas les retarder?

Chaque colonne est, autant que possible, précédée par un détachement de sapeurs du génie ou de régiment, destiné à applanir les obstacles qui peuvent retarder la marche. Des sapeurs sont aidés, au besoin, par des gens du pays, ou par des soldats d'infanterie.

Comment marche ce détachement et quelles sont ses fonctions?

Ce détachement est partagé en deux sections: au premier obstacle qu'il rencontre, la 1re section s'arrête et l'autre poursuit sa route jusqu'à ce qu'il se présente un nouvel obstacle. Un officier du génie ou d'état-major dirige les travaux.

Quelles précautions doit-on prendre aux embranchements des routes?

S'il n'est pas laissé à chaque embranchement de route un officier d'état-major pour indiquer le chemin aux soldats et aux équipages restés en arrière, un adjudant-major du dernier régiment de la colonne est chargé de faire établir à l'endroit de ces embranchements un signal, comme de la paille attachée à un arbre ou à un poteau, des branches coupées, etc.

Que doit-on faire dans les marches de nuit, et dans les mauvais pas?

Dans les marches de nuit et dans les mauvais pas, la route est jalonnée de fourriers et de brigadiers intelligents, qui sont relevés successivement d'escadron en escadron.

POLICE DANS LES MARCHES.

ARTICLE 130e.

Quelles sont les principales règles de police dans les marches?

Il est défendu de tirer des armes à feu dans les marches, de faire aucun cri de *marche* ni de *halte*. On laisse le moins possible les soldats s'arrêter individuellement aux ruisseaux et aux puits; les bidons doivent être, avant le départ, remplis d'eau mélangée, s'il se peut, avec du vin ou de l'eau-de-vie.

Que doivent faire les troupes en marche, qui rencontrent des villages?

Les troupes évitent de passer dans les villages; lorsqu'elles ne peuvent se dispenser de les traverser, les officiers et les sous-officiers veillent à ce que les soldats ne quittent pas leur rang.

Quelles sont les mesures à prendre pour faire rejoindre les traînards?

Indépendamment de l'arrière-garde, le général forme, quand il le juge nécessaire, pour faire rejoindre les traînards, un détachement dont les éléments sont pris dans le dernier régiment de la colonne et auquel on ajoute, au besoin, des sous-officiers de chaque régiment; cette troupe doit visiter les chemins creux, les fermes, les villages, arrêter les maraudeurs et remettre à la gendarmerie ceux qui se trouvent pris en flagrant délit; les autres sont remis à la police de leur corps.

Quelles mesures prend-on pour les chevaux déferrés pendant la marche?

On évite de laisser des chevaux en arrière, pour le ferrage; les chevaux déferrés sont, autant que possible, réunis à la même forge et confiés à la surveillance d'un sous-officier.

Quelles précautions doit-on prendre dans les marches de nuit?

La nuit, un trompette est placé à la queue de chaque escadron, pour sonner des demi-appels, quand l'obscurité ou la difficulté des chemins arrête la marche. Les demi-appels sont répétés jusqu'à la tête du régiment.

TRENTIÈME LEÇON.

SOINS QU'ONT A PRENDRE LES OFFICIERS-GÉNÉRAUX ET LES OFFICIERS SUPÉRIEURS POUR MAINTENIR L'ENSEMBLE DANS LA MARCHE.

ARTICLE 131e.

Quels sont les soins à prendre par les officiers-

Les officiers-généraux et les officiers supérieurs s'arrêtent souvent pour voir si leurs trou-

généraux et les officiers supérieurs pour maintenir l'ensemble dans la marche ?

pes marchent dans l'ordre prescrit et conservent leur distance. Ils envoient parfois à la queue de la colonne des officiers qui viennent leur rendre compte et les mettent ainsi à même de rectifier la marche.

Que doit faire le général, s'il veut accélérer la marche de la colonne?

Si le général veut accélérer la marche de la colonne, il en fait prévenir les colonels, pour que toutes les subdivisions exécutent le mouvement simultanément. Il peut déterminer, à cet effet, une sonnerie qui est répétée d'escadron en escadron.

Lorsqu'une colonne profonde doit passer un défilé qui peut la forcer à s'allonger, que fait le général ?

Lorsqu'une colonne profonde doit passer un défilé qui peut la forcer à s'allonger, le général fait prévenir les colonels. Ceux-ci font serrer les bataillons en masse, en arrivant près du défilé; chaque subdivision y entre successivement en accélérant le pas, et en serrant le plus possible.

La subdivision de la tête, après l'avoir traversé, s'arrête dès qu'elle a laissé derrière elle l'espace nécessaire pour contenir la colonne serrée en masse, elle est remise en marche assez tôt pour que les dernières subdivisions ne soient pas obligées de s'arrêter après avoir effectué leur passage.

Que doit faire chaque escadron avant d'accélérer sa marche?

Dans la cavalerie, chaque escadron, avant d'accélérer sa marche pour rejoindre la colonne, doit être reformé dans son ordre de route primitif.

Quand on a à craindre qu'il n'y ait encombrement ou désordre au passage d'un pont ou d'un défilé, quelles précautions prend le général ?

Quand on a à craindre qu'il n'y ait encombrement ou désordre au passage d'un pont ou d'un défilé, le général y place un officier d'état-major avec une ou plusieurs compagnies que chaque brigade est tenue de relever à son passage.

Quand fait-on halte?

On fait des haltes aussi fréquemment que le permettent le but du mouvement et la longueur du trajet; on en profite pour reformer les troupes; elles ont lieu de préférence au sortir d'un défilé.

A qui les honneurs sont-ils rendus dans les haltes et les marches?

Dans les haltes et les marches, il n'est rendu d'honneurs qu'au commandant en chef.

MALADES, CHEVAUX DE SELLE, ÉQUIPAGES.

ARTICLE 132.

Où marchent les malades?

Les malades marchent avec les équipages.

Où marchent les chevaux de selle des officiers, les chevaux d'équipages et les voitures?

Les chevaux de selle des officiers suivent les régiments avec les chevaux d'hommes démontés. Les chevaux des équipages et les voitures sont sous les ordres des vaguemestres, et ne marchent jamais avec les colonnes; il n'est fait d'exception que pour la voiture du commandant en chef et pour celles des généraux blessés ou malades.

Lorsque le général juge nécessaire de faire marcher avec les colonnes les voitures d'artillerie et celles d'ambulance, il indique le rang que prendront ces voitures.

CAS OU LES TROUPES SE RENCONTRENT OU SE CROISENT.

ARTICLE 133.

Que doivent faire deux divisions qui se rencontrent ou se croisent pendant la marche?

Deux divisions qui se rencontrent sur un point de route, soit qu'elles doivent s'y croiser, soit qu'elles aient à suivre la même direction, appuyent réciproquement à droite, si le chemin est assez large pour contenir leurs deux colonnes; mais, si le chemin n'est pas assez large, la première dans l'ordre de bataille prend, à moins d'ordres contraires écrits ou transmis verbalement par un officier d'état-major, le pas sur l'autre, qui suspend sa marche. S'il y a plus de deux divisions, elles se remettent en marche successivement et selon leur rang.

Cette disposition est applicable aux brigades, aux régiments et aux détachements, tant d'infanterie que de cavalerie, appartenant à des divisions différentes.

Elle est également observée par une division ou par une brigade, à l'égard d'un régiment faisant partie d'une division ou d'une brigade qui a la droite dans l'ordre de bataille.

Nulle troupe en marche ne doit être coupée par une autre.

Que doit faire une troupe en marche qui en trouve une autre arrêtée?

Une troupe qui en trouve une autre arrêtée, passe, si elle a la priorité sur elle. Elle passe encore, si l'autre ne veut pas user, à l'instant même, de son droit de marcher la première.

Que doivent faire deux troupes qui se rencontrent à une jonction de route?

Lorsque deux troupes se rencontrent à une jonction de route, celle qui arrive la dernière attend, quel que soit son rang, si l'autre est en pleine marche.

Quel rang doivent reprendre les colonnes qui suspendent leur marche pour laisser passer une autre troupe?

Les colonnes qui suspendent leur marche pour laisser passer une autre troupe, la reprennent avant les équipages. Celles qui auraient à croiser des équipages les font arrêter, si elles ne peuvent autrement continuer leur route.

Quelles règles consultent les officiers qui ont à suspendre la marche d'une troupe?

Les généraux et autres officiers qui ont à suspendre la marche d'une troupe, examinent consciencieusement si le bien du service n'exige pas qu'ils abandonnent leur prérogative. Ils doivent se concerter avec le chef de cette troupe, et se déterminer, d'après le vu des ordres respectifs, en ne suivant d'autre règle que l'intérêt de l'armée.

INSTRUCTION SOMMAIRE POUR LES COMBATS.

DISPOSITIONS GÉNÉRALES.

ARTICLE 134.

Dans les combats, comment est répartie la cavalerie?

La cavalerie doit être répartie en échelons sur les ailes et au centre, si le terrain permet qu'elle y manœuvre et combatte; car, sa destination étant les démonstrations et l'attaque, il faut qu'elle soit à portée du point sur lequel elle peut menacer et agir : ses moyens sont la vigueur, l'ordre et la vitesse.

Quelles sont les principales règles tactiques de cette arme ?

On doit lui recommander d'assaillir une des ailes, de chercher même à tourner l'ennemi, autant que possible, avec des troupes disposées à cet effet, et, pour qu'elle ne perde point la force que lui donne son ensemble, de ne prendre le galop qu'à portée de la troupe qu'elle veut charger, de ne jamais attendre de pied ferme une charge, mais de la prévenir, ou, si elle n'est pas assez forte, de se retirer en manœuvrant; enfin, pour assurer la poursuite et se prémunir contre un revers ou contre les attaques des réserves, la cavalerie doit ne pas engager tous ses escadrons à la fois, et en avoir le tiers en colonne ou en échelons à hauteur et en arrière de l'une de ses ailes : cette disposition est préférable à une seconde ligne même avec intervalle.

Développements.

A quelle distance de l'ennemi doit-on prendre le galop et commencer la charge ?

On doit prendre le galop le plus tard possible, car presque toutes les lignes de cavalerie sont désunies avant d'avoir fait deux cents pas au galop. Il faut marcher au pas et au trot le plus longtemps possible, prendre le galop à 100 mètres environ, et prendre la charge à plutôt moins que plus de 60 pas. C'est ainsi que faisait la cavalerie aguerrie d'Iéna, d'Austerlitz et d'Eylau. Elle était si confiante en elle-même et si sûre de sa force, qu'elle avait pris l'habitude de ne mettre le sabre à la main qu'à 60 pas de l'ennemi et de charger à trente pas.

Est-il important de chercher à tourner les ailes de l'ennemi ?

Très-important, et c'est à cette manœuvre que le général Mortier dut son succès, le 13 septembre 1810 à Fuente-de-Cantos, en Estramadure; il était aux prises avec un corps aux ordres du marquis de la Romana; le combat était vif, le succès disputé : le maréchal fait tourner l'aile droite ennemie par la cavalerie que commandait le général Briche et qui consistait en deux régiments. Cette manœuvre réussit et décida l'affaire en notre faveur.

La cavalerie ne doit jamais attendre une attaque de pied ferme; l'histoire néanmoins ne nous donne-t-elle pas un exemple où une cavalerie ainsi attaquée se tira heureusement d'affaire?

Un seul exemple nous la montre combattant de pied ferme. A la bataille de Friedland, la division Laferrière, composée de dragons, fut attaquée, au moment où elle arrivait en ligne, par une cavalerie supérieure en nombre et mieux montée; grâce à un obstacle derrière lequel elle put se retirer, elle repoussa les Russes par son feu; mais c'est là une heureuse exception qu'il serait périlleux d'imiter.

Quelle est la charge de cavalerie la plus remarquable qui ait peut-être été faite de nos jours?

C'est à Eylau, où soixante-dix escadrons de cavalerie française, conduits par Murat et Bessières, chargèrent l'infanterie russe de front, pour sauver les débris du corps d'Augereau et arrêter le mouvement qui menaçait notre centre. Cette charge, la plus remarquable peut-être qui fut jamais exécutée, sauva l'armée d'un désastre en arrêtant le succès des Russes.

DEVOIRS DES OFFICIERS ET DES SOUS-OFFICIERS PENDANT LE COMBAT.

ARTICLE 135ᵉ.

Quels sont les devoirs des officiers et des sous-officiers pendant le combat?

Pendant le combat, les officiers et sous-officiers doivent retenir dans les rangs, par tous les moyens en leur pouvoir, les militaires sous leurs ordres, et forcer, au besoin, leur obéissance.

Quelle défense font-ils aux soldats?

Ils ne souffrent pas que les soldats quittent les rangs pour fouiller ou dépouiller les morts, et pour transporter les blessés, à moins d'une permission expresse qui ne peut être donnée qu'après la décision de l'affaire. Le premier intérêt, comme le premier devoir, est d'assurer la victoire, qui seule peut garantir aux blessés les soins nécessaires.

Quels sentiments les officiers doivent-il leur rappeler?

Les officiers doivent rappeler aux soldats que la générosité honore le courage; en conséquence les prisonniers de guerre ne sont jamais dépouillés; chacun d'eux est traité avec les égards dus à son rang.

TRENTE-ET-UNIÈME LEÇON.

DES CONVOIS ET DE LEUR ESCORTE.

ARTICLE 139e.

Combien y a-t-il de sortes de convois, et quel est leur objet?

Les convois sont de différentes sortes; ils ont pour objet le transport des munitions de guerre, de l'argent, des subsistances, des effets d'habillement et d'armement, des malades, etc.

D'après quelles considérations doit-on calculer la force et la composition de l'escorte d'un convoi?

La force et la composition de l'escorte d'un convoi doivent être calculées d'après la nature du convoi, son importance, les dangers qu'il peut avoir à courir, les localités à traverser, la longueur du trajet.

Si c'est un convoi de poudre, l'escorte doit être plus nombreuse, afin qu'elle puisse mieux en éloigner le combat.

Dans quelles proportion la cavalerie concourt-elle à l'escorte d'un convoi?

La cavalerie ne concourt à l'escorte d'un convoi que dans la proportion nécessaire pour éclairer au loin la marche. Cette proportion est plus considérable dans un pays ouvert; elle est moindre dans un pays montueux, coupé et boisé.

Quelle arme spéciale attache-t-on, autant que possible, à chaque convoi?

Autant que possible, on attache à chaque convoi des sapeurs, et, à défaut de sapeurs, des habitants du pays munis d'outils propres à aplanir les difficultés locales, ou à former rapidement quelque obstacle défensif, par des abattis d'arbres ou autrement.

De quels accessoires de rechange doit-on être muni ?

On fait en sorte d'avoir toujours des pièces de rechange pour les voitures, telles que roues, timons, etc.

Quelle instruction reçoit le commandant du convoi ?

L'officier-général chargé d'organiser et de mettre en route un convoi, donne au commandant une instruction écrite très-détaillée.

Développements.

Que comprend cette instruction ?

Cette instruction comprend : les chemins à suivre ; les gîtes d'étapes ; le nombre de haltes par journée de marche ; la division du convoi en plusieurs fractions s'il est considérable ; le nombre de voitures et leur chargement ; enfin tous les détails connus sur la position et les projets de l'ennemi ; sur les probabilités d'attaque et les points de la route où elles sont le plus à craindre.

La conduite d'un convoi est-elle une mission délicate et difficile ?

La conduite d'un convoi est une des missions les plus délicates et des plus difficiles dont un officier puisse être chargé. Rien n'est, en effet, plus difficile à défendre, et plus facile à attaquer qu'une file de voitures ou de bateaux, qui quelquefois occupent un long espace, et que le moindre obstacle peut arrêter.

Pourquoi la force principale de l'escorte doit-elle se composer d'infanterie ?

Parce que l'infanterie seule peut défendre des voitures sans s'éloigner d'elles, et profiter de l'obstacle qu'elles présentent à l'ennemi pour s'en faire un rempart et un appui.

AUTORITÉ DU COMMANDANT.

ARTICLE 140e.

Quelle est l'autorité d'un officier commandant l'escorte d'un convoi ?

L'officier commandant l'escorte d'un convoi a pleine autorité sur les troupes de toutes armes qui la composent, ainsi que sur les agents des transports et des équipages militaires.

A qui appartient le commandement, si le convoi ne se compose que de munitions de guerre ?

Si le convoi ne se compose que de munitions de guerre, le commandement en appartient à l'officier d'artillerie, pourvu qu'il soit d'un grade supérieur ou même seulement à égal à celui du commandant de l'escorte. Dans tous les cas, le commandant de l'escorte défère, autant que la défense du convoi lui paraît le permettre, aux demandes de l'officier d'artillerie, en ce qui concerne les heures du départ, les haltes, la manière de paqueter les voitures, l'ordre à y maintenir et les sentinelles à placer pour les garantir d'accident.

Les officiers étrangers à l'escorte et qui marchent avec le convoi peuvent-ils y exercer une autorité quelconque ?

Les officiers étrangers à l'escorte qui marchent avec le convoi ne peuvent, quel que soit leur grade, y exercer aucune autorité sans l'assentiment du commandant; ce dernier dispose, dans l'intérêt du service, de tous les militaires présents qui lui sont égaux ou inférieurs en grade.

DIVISION D'UN CONVOI.

ARTICLE 141°.

Quand un convoi est considérable, quelles dispositions prend-on ?

Quand un convoi est considérable, il est essentiel de le partager en plusieurs divisions, et de placer près de chacune le nombre d'agents nécessaire pour la maintenir dans l'ordre et veiller à ce qu'il n'y ait que 4 pas d'intervalle d'une voiture à une autre.

Qu'attache-t-on à chaque division pour la défendre, la surveiller ?

Un petit détachement d'infanterie est attaché à chaque division, et s'il y a dans le convoi des voitures du pays, des soldats sont répartis de distance en distance pour en surveiller les conducteurs.

Dans quel ordre marchent les voitures ?

Les munitions de guerre sont habituellement en tête du convoi; les voitures portant des subsistances marchent ensuite; puis, viennent celles qui sont chargées d'effets militaires.

Comment sont placées celles des officiers, cantiniers, vivandiers ?

Les voitures auxquelles les officiers ont droit forment une division séparée; l'ordre de marche pour ces dernières est réglé d'après le rang des officiers auxquels elles appartiennent. Les voitures des vivandiers, cantiniers et marchands sont à la queue du convoi.

A quoi ces dispositions sont-elles subordonnées ?

Toutefois, ces dispositions sont subordonnées aux projets présumés de l'ennemi ; les voitures dont la conservation importe le plus à l'armée doivent marcher dans l'ordre le plus propre à les préserver du danger.

Il n'est jamais permis aux soldats de placer leur sac sur les voitures.

DISPOSITIONS POUR LA MARCHE ET POUR LA DÉFENSE.

ARTICLE 143e.

Quelles sont les dispositions pour la marche et pour la défense ?

Le convoi a toujours une avant-garde et une arrière-garde ; le commandant concentre le gros de l'escorte sous ses ordres immédiats, au point le plus important, ne laissant aux autres points que de petits corps, ou seulement des gardes.

Dans les terrains entièrement découverts, comment marche le corps principal ?

Dans les terrains entièrement découverts, le corps principal marche sur les côtés de la route, à la hauteur du centre du convoi ; dans les autres circonstances, il marche, soit à la tête, soit à la queue, selon que l'une ou l'autre est plus exposée aux attaques de l'ennemi.

Quelle est la mission de l'avant-garde ?

L'avant-garde part assez à l'avance pour aplanir les obstacles qui retarderaient la marche du convoi ; elle fouille les bois, les villages et les défilés ; elle se lie avec le convoi par des cavaliers chargés de transmettre au commandant les renseignements qu'elle recueille, et de recevoir ses ordres. Elle reconnaît le terrain propre aux haltes, et à l'établissement des parcs.

Si l'on craint pour la tête de la colonne, que fait l'avant-garde ?

Si l'on craint pour la tête de la colonne, l'avant-garde s'empare de tous les défilés et de tous les points où l'ennemi pourrait opposer des obstacles ou des troupes.

Que fait le corps principal ?

Le corps principal, qui suit alors de plus près l'avant-garde, la remplace dans ces positions, et n'en repart que lorsque la tête du convoi l'a rejoigne, il y laisse, s'il en est besoin, quelques troupes qui sont relevées successivement par les petits corps restés à l'escorte des voitures; la position n'est abandonnée entièrement que quand la totalité du convoi l'a dépassée, ou plus tard encore, si le commandant le juge convenable.

Que doit faire l'arrière-garde lorsque les dernières voitures sont menacées?

Des règles analogues sont suivies lorsque les derrières du convoi sont menacés; l'arrière-garde est alors chargée de rompre les ponts, de barricader et détériorer les chemins, et d'opposer à l'ennemi le plus d'obstacles possible. Elle se lie au convoi par des cavaliers.

Quelles sont les dispositions à prendre si les flancs sont menacés et que le terrain soit peu accessible?

Si les flancs sont menacés, et si en même temps le terrain est peu accessible, entrecoupé, s'il y a plusieurs défilés à passer, la défense du convoi est plus difficile. On ne doit alors avoir que peu de monde à l'avant-garde et à l'arrière-garde; les positions qui peuvent couvrir la marche sont occupées par le corps principal, avant que la tête soit parvenue à la hauteur de ces positions, et jusqu'à ce que le convoi soit entièrement au-delà.

Que doit-on faire, quand le convoi est considérable, si l'on doit passer par des endroits que la force et la proximité de l'ennemi rendent dangereux?

Si le convoi est considérable, et si l'on doit passer par des endroits que la force et la proximité de l'ennemi rendent dangereux, il est quelquefois nécessaire, de crainte qu'il ne se trouve compromis en totalité, d'en faire partir les divisions séparément et à intervalle, pour ne les réunir qu'après le passage effectué. Dans ce cas, la majeure partie des troupes marche avec la première division; les positions dont elle s'empare sont couvertes par des tirailleurs et des éclaireurs, et au besoin par des petits postes; ces positions ne sont abandonnées que lorsque la totalité du convoi a passé. Si le convoi a du canon, le commandant en dispose comme l'indiquent les localités et les circonstances.

Que doit-on faire pour

Pour hâter le trajet et faciliter la défense, on

hâter le trajet et faciliter la défense?

fait marcher les voitures sur deux files, toutes les fois que la largeur de la route le permet.

Quelles dispositions prend-on lorsqu'une voiture du convoi vient à se casser?

Si une voiture se casse, elle est tirée hors de la route; quand elle est réparée, elle prend la queue du convoi; si la réparation en est impossible, son chargement est réparti sur les autres voitures; ses chevaux fournissent du renfort aux attelages qui en ont besoin.

TRENTE-DEUXIÈME LEÇON.

CONVOIS PAR EAU.

Comment sont escortés les convois par eau?

Les convois par eau sont escortés d'après les mêmes principes : chaque bateau reçoit un petit poste d'infanterie, une partie de la troupe précède ou suit le convoi sur des bateaux particuliers; la cavalerie qui marche à la hauteur du convoi, l'avant-garde et l'arrière-garde, qui font également route par terre, se lient aux bateaux par des flanqueurs, et leur font passer les avis qui les intéressent. Lorsque les rivières coulent entre des montagnes très-rapprochées, la majeure partie de l'infanterie doit suivre par terre, pour empêcher l'ennemi de s'établir sur les sommités et d'inquiéter le convoi.

HALTES, PARCS.

ARTICLE 144e.

Comment se font les petites haltes?

D'heure en heure, on s'arrête pendant quelques instants pour laisser reprendre haleine aux attelages, donner aux dernières voitures le temps de serrer leur distance.

Les grandes haltes sont-elles multipliées?

Il n'est fait que très-rarement de grandes haltes, et seulement dans les lieux reconnus à l'avance et favorables à la défense du convoi. Les villages environnants sont fouillés, ainsi que les terrains qui pourraient servir à cacher l'ennemi. Les chevaux ne sont pas dételés, et l'on se garde militairement.

Comment parque-t-on la nuit?

La nuit, on parque de manière à se défendre contre une attaque ouverte ou à se garder d'une surprise, et de préférence loin des lieux habités, si le pays qu'on traverse est ennemi ou mal disposé.

Pour parquer, comment sont placées les voitures?

Pour parquer, les voitures sont habituellement placées sur plusieurs rangs, essieu contre essieu, les timons dans une même direction; on laisse entre chaque rang une rue assez large pour que les chevaux puissent y circuler aisément. (1).

Comment est formé le parc, si on craint une attaque?

Si l'on craint une attaque, le parc est formé en carré, les roues de derrières tournées vers l'extérieur, les chevaux dans l'intérieur du carré (2).

Comment bride chaque division pour le départ?

Au départ du convoi, chaque division ne bride qu'au moment où elle est prête à suivre le mouvement de la division qui la précède.

ARTICLE 145e.

DÉFENSE D'UN CONVOI.

Dès que le commandant est averti de la présence de l'ennemi, quelles dispositions prend-il?

Dès que le commandant est averti de la présence de l'ennemi, il fait serrer le plus possible les files de voitures et continue sa marche dans le plus grand ordre. Ordinairement il évite les occasions de combattre; cependant, si l'ennemi l'a devancé dans un défilé ou sur une position qui domine la route, il l'attaque vigoureusement

(1) C'est ce qu'on appelle parquer en écurie?

(2) Les files tournent l'une à droite, l'autre à gauche par le mouvement de: *sur la droite ou sur la gauche en bataille*. On ferme les deux petits côtés du carré long par des voitures, mises en travers, dont on dételle les chevaux.

avec une grande partie de sa troupe, mais il ne s'abandonne point à la poursuite, afin de ne jamais s'éloigner du convoi, et de ne pas donner dans le piége d'une feinte retraite. Le convoi, qui a dû s'arrêter, ne reprend sa marche qu'après que la position a été enlevée.

Quand le commandant du convoi s'est assuré que les forces de l'ennemi sont trop supérieures aux siennes, quel parti prend-il?

Quand le commandant du convoi s'est assuré que les forces de l'ennemi sont trop supérieures aux siennes, il se décide à parquer; le parc est formé hors de la route et en carré, dans l'ordre indiqué à l'article précédent.

Lorsqu'il n'est pas possible de sortir de la route, les voitures doublent les files, si elles ne se trouvent déjà dans cet ordre; chaque voiture serre sur la précédente, le plus possible, le timon placé en dedans de la route; en tête et à la queue du convoi, des voitures sont mises en travers pour fermer le passage.

Pendant l'action, quels postes conservent les conducteurs des voitures?

Les conducteurs des voitures sont à pied, à la tête de leurs chevaux, pour mieux en être maîtres. Les conducteurs et les domestiques qui voudraient fuir sont à la disposition absolue des officiers et des sous-officiers.

Quelle résistance opposent les tirailleurs?

Les tirailleurs tiennent le plus longtemps possible l'ennemi loin du convoi; s'il devient nécessaire de les soutenir, le commandant y pourvoit, mais avec la plus grande circonspection, parce qu'il est essentiel qu'il conserve réuni le plus de monde possible pour le moment où l'ennemi fera ses plus grands efforts.

Si le feu vient à prendre au convoi, quelles précautions prend-on?

Dans le cas où le feu prend au convoi, il faut, s'il est parqué, s'occuper d'éloigner les voitures enflammées, ou si on ne le peut, les voitures de munitions d'abord, puis celles qui se trouvent sous le vent. Sur une route, on renverse dans le fossé les voitures en combustion, après en avoir ôté les attelages, qu'on répartit ainsi qu'il a été dit.

Dans quel cas essaie-t-on de faire filer un certain nombre de voitures, et quelles sont celles que l'on doit sauver de préférence?

On essaie de faire filer un certain nombre de voitures, si la tournure que prend le combat rend ce moyen extrême nécessaire et si la nature du pays ou la proximité d'un poste en favorisent l'exécution.

Quelquefois, le commandant abandonne à l'ennemi une partie du convoi pour sauver l'autre ; dans ce cas, il laisse de préférence les voitures chargées de vin et d'eau-de-vie, et ne sacrifie les munitions de guerre qu'à la dernière extrémité.

Que reste-t-il à faire au commandant, s'il ne peut plus résister et s'il n'a pas espoir d'être secouru?

Lorsqu'après une défense opiniâtre, et la perte de la majeure patie de sa troupe, le commandant se sent trop faible pour résister plus longtemps, et qu'il ne peut espérer aucun secours, il fait mettre le feu au convoi, puis il tente, par une action vigoureuse, de se frayer une issue, et d'emmener ses chevaux d'attelage ; il les tue plutôt que de les abandonner à l'ennemi (1).

Quelles sont les règles à observer pour la défense d'un convoi de malades, de blessés, et celle d'un convoi de prisonniers?

La défense d'un convoi de malades ou de blessés a lieu d'après les mêmes règles ; celles d'un convoi de prisonniers de guerre présente des difficultés particulières : a-t-on à s'arrêter pour résister à l'ennemi? il faut les obliger à se tenir

(1) Mesure cruelle que les Anglais, en Espagne, dans leur retraite sur la Corogne, mirent à exécution et qu'on aurait eu beaucoup de peine à obtenir de la résignation et de la sensibilité de nos soldats.

M. Thiers raconte ainsi le fait (tome 9, page 517) :

« Un spectacle pénible frappait plus que tout le reste » nos soldats, c'était celui d'une quantité considérable » de beaux chevaux, morts de coups de feu sur la route. » Les Anglais, dès que leurs chevaux étaient fatigués et » s'arrêtaient, leur tiraient un coup de pistolet dans la » tête, puis s'en allaient à pied. Ils aimaient mieux » tuer leur compagnon de guerre que d'en laisser l'usage » à l'ennemi; on n'eût jamais obtenu de nos cavaliers » ce genre de courage. »

couchés, avec menace de tirer sur eux, s'ils tentent de se relever avant d'en avoir reçu l'ordre. Dans tout autre cas, il faut presser leur marche, atteindre un village, et les y enfermer dans une église où dans un grand bâtiment, dont on défend les approches.

TRENTE-TROISIÈME ET DERNIÈRE LEÇON.

DES DISTRIBUTIONS.

ORDRE DANS LEQUEL LES CORPS REÇOIVENT LES DISTRIBUTIONS.

ARTICLE 148e.

Dans quel ordre les corps reçoivent-ils les distributions ?

Dans les divisions, les brigades et les régiments, on commence les distributions alternativement par la droite et par la gauche, en suivant l'ordre de bataille des régiments dans les divisions et les brigades, des bataillons ou escadrons dans les régiments.

Un corps que son tour appelle à être servi le premier ne peut faire interrompre la distribution d'un autre corps, lorsqu'il la trouve commencée.

CAPITAINE DE DISTRIBUTIONS.

ARTICLE 149e.

Que commande-t-on par chaque régiment d'infanterie et de cavalerie pour le service des distributions, et comment compte ce service ?

Il est commandé, par chaque régiment, d'infanterie ou de cavalerie, un capitaine de distributions; ce service compte au troisième tour; dans la cavalerie, les capitaines en second en sont ordinairement chargés.

Que désigne-t-on aussi pour un bataillon ou deux escadrons détachés ?

On désigne aussi un capitaine de distributions pour un bataillon ou deux escadrons détachés.

Quels sont les devoirs du capitaine de distributions ?

Le capitaine de distributions se conforme à ce qui est prescrit par le règlement de service intérieur. S'il croit avoir à se plaindre du poids ou de la quantité des denrées, et qu'il ne puisse faire rendre justice sur-le-champ, il est autorisé à suspendre la distribution, et à faire auprès du général, du chef d'état-major, du sous-intendant ou des autorités locales les démarches convenables.

Quelle est son attention particulière, relativement à la viande ?

Le capitaine de distributions veille à ce que la viande ne soit pas distribuée quand elle est encore chaude. S'il est impossible de faire autrement, on accorde, en compensation, autant que les ressources le permettent, une augmentation de poids.

Quelle est la défense relative à la vente et au rachat des rations ?

La vente et le rachat des rations sont sévèrement défendus, soit que les fournitures aient été faites par l'administration de la guerre, soit qu'elles l'aient été par les autorités locales.

Quels sont les chevaux qui ont droit aux fourrages ?

Il n'est acccordé de rations de fourrage que pour les chevaux présents.

VISITE DE L'HOPITAL.

ARTICLE 150°.

Quelles sont les obligations du capitaine de distributions relativement à l'hôpital ?

S'il y a un hôpital ou une ambulance à portée du camp ou du cantonnement, le capitaine de distributions est tenu de s'y transporter, pour vérifier la qualité des aliments, et recevoir les réclamations des malades; il écrit ses observations sur un registre à ce destiné.

Lorsque le service de distributions l'empêche de faire cette visite, par qui est-il remplacé ?

Lorsque le service des distributions l'empêche de faire cette visite, il y est remplacé par le capitaine premier à marcher au 3° tour.

Quels rapports fait le

Le capitaine de distributions fait à l'officier

capitaine de distributions ?

supérieur de semaine le rapport des distributions, et, en outre, de sa visite à l'hôpital.

DISPOSITIONS PLUS PARTICULIÈRES A LA CAVALERIE.

ARTICLE 151e.

Sur quoi se basent les généraux pour faire la répartition des gîtes occupés par la cavalerie ?

Comme la cavalerie doit le plus souvent, pour la facilité des fourrages, occuper les villages, les officiers-généraux ont soin de faire la répartition des gîtes, en raison des ressources qu'ils présentent.

Si l'on doit rester plusieurs jours dans un village, que fait l'officier qui y commande ?

Si l'on doit rester plusieurs jours, chaque officier qui commande dans un village fait réunir et rationner le foin par les habitants, afin qu'il soit distribué avec ordre et économie, et que les chevaux logés dans les lieux les moins pourvus y participent dans la même proportion que les autres.

Si la cavalerie est au bivouac, ou qu'il y ait des villages qu'on ne veuille pas occuper, quels ordres donnent les généraux et les officiers supérieurs des corps ?

Si la cavalerie est au bivouac, ou qu'il y ait des villages qu'on ne veuille pas occuper, les officiers-généraux et les officiers supérieurs des corps font ordonner à temps aux habitants de réunir, botteler et porter au dehors les fourrages. On y conduit en ordre, et on prend toutes les précaution nécessaires de police et de sûreté.

A quoi est applicable cette disposition ?

Cette disposition est applicable à la réunion de la paille des camps ; tout commandant de troupes placées dans un village est chargé de faire exécuter à cet égard les ordres des officiers-généraux et les demandes des sous-intendants ; il en est de même pour tout objet relatif à la subsistance des troupes.

Quels sont les soins des capitaines de distributions pour la conduite des corvées ?

Les capitaines de distributions ont le plus grand soin que la corvée des fourrages et celle de la paille soient conduites avec ordre ; ils font punir sévèrement les domestiques qui cherchent à s'écarter.

MAISONS DE POSTE.

ARTICLE 152e.

De quelle immunité jouissent les maisons de poste ?

Les maisons de poste ne sont point soumises aux visites pour la contribution extraordinaire en subsistances, si ce n'est à l'égard des dépôts qui n'appartiendraient pas au maître de l'établissement.

LOGEMENT DES OFFICIERS-GÉNÉRAUX.

ARTICLE 153e.

Les maisons où logent les officiers-généraux jouissent-elles aussi de quelque immunité particulière ?

Les maisons où logent les officiers-généraux sont également exemptes des visites pour la contribution extraordinaire des subsistances ; mais cette exemption ne dispense pas les propriétaires de ces maisons de satisfaire aux réquisitions régulières qui leur sont faites pour les besoins de l'armée.

ÉPOQUE DU PASSAGE AU PIED DE GUERRE

ARTICLE 154e.

Lorsque l'ordre est donné à un corps de former son dépôt et ses escadrons de guerre, quelles obligations et quels droits résulte-t-il de cet état de choses ?

Tout ordre donné à un corps de former d'une part son dépôt, et de l'autre ses escadrons de guerre, et de se tenir prêt à marcher, emporte pour les officiers, à moins d'ordres contraires, l'obligation de se pourvoir de leurs chevaux de guerre. En conséquence, ils reçoivent dès-lors, sur la présentation d'un certificat du conseil d'administration, visé par le sous-intendant militaire, et constatant qu'ils ont acheté ces chevaux, la même quantité de rations de fourrage, que s'ils étaient en campagne.

TARIF DES RATIONS.

ARTICLE 155e.

Lorsqu'une armée doit entrer en campagne, que détermine le ministre de la guerre ?

Lorsqu'une armée doit entrer en campagne, le ministre de la guerre détermine un tarif des distributions, en raison de la destination offensive ou défensive de cette armée et des besoins et des ressources dans chacune de ces hypothèses.

Ce tarif est-il invariable ?

Le commandant en chef peut opérer des diminutions à ce tarif, lorsque des circonstances l'exigent, mais il ne peut y faire d'augmentations que dans le cas où, par suite de succès au-delà de nos frontières, ces augmentations deviendraient nécessaires et seraient sans frais pour l'Etat.

RETOUR AU PIED DE PAIX.

ARTICLE 156e.

Comment s'effectue le retour au pied de paix ?

Les troupes à cheval qui sont remises sur le pied de paix continuent à recevoir la ration de fourrages sur le pied de guerre, jusqu'au quinzième jour inclusivement après être rentrées dans leur garnison ; les officiers reçoivent également pendant un mois, à dater de cette époque, les rations de fourrages pour les chevaux qu'ils possèdent, jusqu'à concurrence du nombre qui leur est attribué pour le pied de guerre. Cette disposition est applicable aux officiers de toutes armes qui sont montés.

FIN.

Saumur, imprimerie de P. GODET. (438-5)

www.ingramcontent.com/pod-product-compliance
Ingram Content Group UK Ltd.
Pitfield, Milton Keynes, MK11 3LW, UK
UKHW022107190726
13855UKWH00002B/693

9 782013 061988